座右铭书系
Zuoyouming Shuxi

座右铭书系

名人言续编

刘 巍 编

中国文史出版社

目 录

思想是行动的种子

与过去的历史相比，我更喜欢未来的梦想。

——〔美国〕杰弗逊

思想是一种为实现自己心愿而产生的能力。

——〔美国〕爱默生

思想是那些会享用它的人的财产。

——〔美国〕爱默生

思想是行动的种子。

——〔美国〕爱默生

思想的潮流是推动人类与世界进步的唯一原动力。

——〔美国〕菲力浦斯

人的思维是了不起的，只要专注于某一项事业，那就一定会做出使自己都感到吃惊的成绩来。

——〔美国〕马克·吐温

凡是新的不平常的东西都能在想象中引起一种乐

趣，因为这种东西使心灵感到一种愉快的惊奇，满足它的好奇心，使它得到原来不曾有过的一种观念。

——〔美国〕爱迪生

想象必须是热的，才能够使它以外界的东西所收到的形象留下模印。

——〔美国〕爱迪生

人有两种能力是千金难求的：一是思考能力；一是按事情轻重处理的能力。

——〔美国〕卡耐基

一个人如果从肯定开始，必以疑问告终。如果他准备从疑问开始，则会以肯定结束。

——〔英国〕培　根

首先细心思考，然后果断决定，最后坚韧不拔地去做。

——〔英国〕培　根

纯洁的思想，可使最微小的行动高贵起来。

——〔英国〕莎士比亚

充实的思想不在于言语的美丽，而在于它引以自豪的内容。

——〔英国〕莎士比亚

思想可以使天堂变成地狱，也可以使地狱变成天堂。

——〔英国〕弥尔顿

我的成就，当归功于精微的思索。

——〔英国〕牛　顿

简单的事情考虑得很复杂，可以发现新领域；把复杂的现象看得很简单，可以发现新定律。

——〔英国〕牛　顿

没有大胆的猜测就做不出伟大的发现。

——〔英国〕牛　顿

如果说我对世界有些微贡献的话，那不是由于别的，而是由于我的辛勤耐久的思索所致。

——〔英国〕牛　顿

人的想象当然是非凡的，充满着遥远的、不寻常之物景，无拘无束地闯入时空中最漫无边际的地方，以便避开被习惯弄得太熟悉的那些物体景象。

——〔英国〕休　谟

想象力是由耐心的观察所组成的；幻想力是由改变心中情景的自愿活动所组成的。

——〔英国〕华兹华斯

想象跟幻想一样也具有加重、联合、唤起和合并的能力。

———〔英国〕华兹华斯

要审慎地思考，但要果断地行动；要宽宏地谦让，但要坚决地反抗。

———〔英国〕科尔顿

我始终努力保持自己思想的自由，我可以放弃任何假说，无论是如何心爱的，只要事实证明它是不符的。

———〔英国〕达尔文

若要正确地看各种事物，有个唯一的方法，即观察事物的整体。

———〔英国〕罗斯金

善于思考的人，一旦从传统偏见的令人炫目的影响中解脱出来，将会在人类的低等祖先中找到人类伟大能力的最好证据，并且从人类过去的漫长进化中，将会找到人类对达到更崇高的未来的信心和合理根据。

———〔英国〕赫胥黎

人生不是受环境的支配，而是受自己习惯思想的恐吓。

———〔英国〕赫胥黎

一个想法的价值与表达它的人多么真诚没有关系。

——〔英国〕王尔德

回顾得越远,可能前瞻得越远。

——〔英国〕丘吉尔

想象既是一切希望和灵感的源泉,同时也是沮丧的缘由。忘记这点就会招致悲观绝望。

——〔英国〕贝弗里奇

教条并不意味着没有思想,而是思想的结束。

——〔英国〕切斯特顿

就心灵而言,如果你不用某种能束缚并限制它的确定对象去占据它,它就会陷入混乱,把你抛入那想象的云雾之中……在这种不安之中,心灵甚至可以导致任何一种疯狂的幻想。

——〔法国〕蒙　田

我不愿有一个塞满的头脑,而情愿有一个思想开阔的头脑。

——〔法国〕蒙　田

我思故我在。

——〔法国〕笛卡儿

现实的世界有限，而幻想的世界却是无际无涯的——我们既无法扩大其一，便只好收缩其一，因为两者之间的距离太远，是会使我们痛苦与不幸的。

——〔法国〕卢　梭

想象，这是一种特质。没有它，一个人既不能成为诗人，也不能成为哲学家、有机智的人、有理性的生物，也就不成其为人。

——〔法国〕狄德罗

想象是人们追忆形象的机能，完全失去这个机能的人是一个愚昧的人。

——〔法国〕狄德罗

想象力是人类与现实环境相争时的一种决胜武器。

——〔法国〕拿破仑

人类是受自己幻想支配的动物。

——〔法国〕拿破仑

一个能思想的人，才是一个力量无边的人。

——〔法国〕巴尔扎克

真正的科学家应当是个幻想家，谁不是幻想家，谁就只能把自己称为实践家。

——〔法国〕巴尔扎克

想象就是深度。没有一种精神机能比想象更能自我深化，更能深入对象，这是伟大的潜水者。

——〔法国〕雨　果

任何强大的军队，都不可能抵挡住思想的力量。

——〔法国〕雨　果

任何东西都没有像大胆的幻想那样能促进未来的创立。今天的空想，就是明天的现实。

——〔法国〕雨　果

当一个人在深思的时候，他并不是在闲着。有看得见的劳动，也有看不见的劳动。

——〔法国〕雨　果

思想，那才是心灵的真正的胜利。

——〔法国〕雨　果

哪里有思想，哪里就有威力。

——〔法国〕雨　果

没有想象力，一切官能，无论多么健康敏锐，都等于乌有。

——〔法国〕波德莱尔

人，总有根据前人思考过的记忆来使用眼睛的习惯，因而一切东西都一定还有未被探索到的地方。

——〔法国〕福楼拜

像一个实行家那样去思考，像一个思想家那样去行动。

——〔法国〕贝格松

扼杀思想的人，是最大的谋杀犯。

——〔法国〕罗曼·罗兰

我们不应当凭信任就跟人家跑，必须大胆表示我们的思想，如果我们之间思想不一致，必须直率地说出来。

——〔法国〕罗曼·罗兰

想象力作为一种创造性的认识能力，是一种强大的创造力量，它从实际自然所提供的材料中，创造出第二自然。

——〔德国〕康　德

缺乏幻想的学者只能是一个好的流动图书馆和活的参考书，他只掌握知识，但不会创造。

——〔德国〕莱　辛

凡是值得思考的事情，没有不是被人思考过的；我们必须做的只是试图重新加以思考而已。

——〔德国〕歌　德

人应当相信，不了解的东西总是可以了解的，否则他就不会再去思考。

——〔德国〕歌　德

谁若不用脑子去思索，到头来他除了感觉之外将一无所有。

——〔德国〕歌　德

幻想是诗人的翅膀，假设是科学的天梯。

——〔德国〕歌　德

所有真正的智慧，都是曾经被人思考过千百次；但要想使它们真正成为我们自己的，一定要再经过我们自己再三思考，直至它们在我们个人经验中生根为止。

——〔德国〕歌　德

每一个人都必须按照他自己的方式去思考；因为他在自己的道路上，就会发现能帮助他度过一生的一条或一种真理。但是切不可放任自己；他必须克制自己；光有赤裸裸的本能是不行的。

——〔德国〕歌　德

理性世界应被看作是一个伟大而不朽的存在，它不断创造出必然性事物，同时它也因此使自己成为偶然性事物的主宰。

——〔德国〕歌　德

是什么样的头脑研究现实，这对于经验具有巨大的意义。伟大的头脑做出伟大的经验，在五光十色的现象中看出有意义的东西。

——〔德国〕黑格尔

真正的创造就是艺术想象的活动。

——〔德国〕黑格尔

借来的思想如同借来的钱财一样，只能证明借用者的贫乏。

——〔德国〕布莱辛顿

行动者是思想的工具。

——〔德国〕海　涅

许多人没能成为思想家，只是因为他们的记性太好了。

——〔德国〕尼　采

我们思想的发展在某种意义上常常来源于好奇心。

——〔德国〕爱因斯坦

要是没有能独立思考和独立判断的有创造能力的个人，社会的向上发展就可想象。

——〔德国〕爱因斯坦

思维世界的发展，在某种意义上说，就是对惊奇的不断摆脱。

——〔德国〕爱因斯坦

想象力比知识更重要，因为知识是有限的，而想象力概括着世界上的一切，推动着进步，并且是知识进化的源泉。严肃地说，想象力是科学研究中的实在因素。

——〔德国〕爱因斯坦

提出一个问题往往比解决一个问题更重要，因为解决问题也许仅仅是一个教学上或实验上的技能而已。而提出新的问题、新的可能性，从新的角度去看旧的问题，都需要有创造性的想象力，而且标志着科学的真正进步。

——〔德国〕爱因斯坦

没有想象力的灵魂，就像没有望远镜的天文台。

——〔德国〕爱因斯坦

学习知识要善于思考，思考，再思考，我就是靠这个方法成为科学家的。

——〔德国〕爱因斯坦

为了能够作真实和正确的判断，必须使自己的思想摆脱任何成见和偏执的束缚。

——〔俄国〕罗蒙诺索夫

我永远认为最好的猜测者就是最好的预言家。

——〔罗马〕西塞罗

活着就是思索。

——〔罗马〕西塞罗

语言属于一个时代，思想属于许多时代。

——〔俄国〕卡拉姆辛

应该坚信，思想和内容不是通过没头没脑的感伤，而是通过思考而得到的。

——〔俄国〕车尔尼雪夫斯基

思想要能在现实中获得价值，只有在这种时候：即在献身为高尚思想而奋斗的人的身上，具有足够的力量来充分地实现这种思想。

——〔俄国〕车尔尼雪夫斯基

思想上的努力，正如可以长出大树的种子一般，在眼睛里是看不见的。但，人类社会生活的明显的变化正发生于其中。

——〔俄国〕列夫·托尔斯泰

产生巨大后果的思想常常是朴素的。

——〔俄国〕列夫·托尔斯泰

幻想中有比现实更高的东西，现实中也有比幻想更高的东西，把两者结合起来是最完满的。

——〔俄国〕列夫·托尔斯泰

黄金要经过淘洗才能得到，精辟的、被表达得很好的思想也是这样。

——〔俄国〕列夫·托尔斯泰

艺术家得永远工作，永远思考。

——〔俄国〕契诃夫

在创作家的事业中，每一步都要深思而后行，而不是盲目地瞎碰。

——〔苏联〕米丘林

懒于思索，不愿意钻研和深入理解，自满和满足于微不足道的知识，都是智力贫乏的原因。这种贫乏通常用两个字来称呼，这就是"愚蠢"。

——〔苏联〕高尔基

在你深入思考所触及的各种事实、现象和规律的本质时，不要吝惜时间。你对问题考虑得越深入，你的记忆就越牢固。没有理解之前，不要试图去记忆，这会浪费时间。要学会并非阅读而是翻阅那些你已十分熟悉的东西，同时要防止浮光掠影地浏览那些你尚未理解的东西。

——〔苏联〕苏霍姆林斯基

冷静思考的能力，是一切智慧的开端，是一切善良的源泉。

——〔奥地利〕弗洛伊德

思想犹如树木，要有巨大的根部深扎在土壤中，才能巩固而繁荣。

——〔古巴〕何塞·马蒂

脑力心力，要放在适当的地方，莫贪多而纷乱，要常常集中思想。

——〔瑞士〕裴斯泰洛齐

美德是智力最高的证明

我希望我将具有足够的坚定性和美德，借以保持所有称号中我认为最值得羡慕的称号：一个诚实的人。

——〔美国〕华盛顿

我们的污点虽然遮蔽于一时，但迟早总是要显露出来；当每个污点进入我们的心坎，便在我们的品格上留下一个深刻的痕迹，我们一生也揩抹不掉。

——〔美国〕华盛顿

也许一个人唯一真正的尊严在于他能鄙视自己。

——〔美国〕桑塔亚娜

有学问而无道德，是一个恶汉；有道德而无学问，是一个鄙夫。

——〔美国〕罗斯福

凡是使生命扩大而又使心灵健全的一切便是善良的；凡是使生命缩减而又加以危害和压榨的一切便是坏的。

——〔美国〕杰克·伦敦

顺境的美德是节制，逆境的美德是坚韧，这后一种是较为伟大的德行。

——〔英国〕培　根

对一个人的评价，不可视其财富出身，更不可视其学问的高下，而是要看他真实的品德。

——〔英国〕培　根

美德有如名香，经燃烧或压榨而其香愈烈，盖幸运最能显露恶德，而厄运最能显露美德。

——〔英国〕培　根

无德之人常嫉妒他人之有德。

——〔英国〕培　根

美德好比宝石，它在朴素背景的衬托下反而更华丽。同样，一个打扮并不华贵，却端庄、严肃而有美德的人，是令人肃然起敬的。

——〔英国〕培　根

我宁愿压服我的愤恨而听从我的更高尚的理性；道德的行动较之仇恨的行动是可贵得多的。

——〔英国〕莎士比亚

没有德行的美貌，转眼即逝；可是在你的美貌中，有一颗美好的灵魂，那么你的美常在。

——〔英国〕莎士比亚

生命短促，只有美德能将它留传到辽远的后世。

　　　　　　　　——〔英国〕莎士比亚

如不被错误战胜，我们的美德便值得骄傲；如没有美德抚慰，我们的罪过便陷入绝望。

　　　　　　　　——〔英国〕莎士比亚

仅仅一个人独善其身，那实在是一种浪费。上天生下我们，是要把我们当作火炬，不是照亮自己，而是普照世界；因为我们的德行倘不能推及他人，那就等于没有一样。

　　　　　　　　——〔英国〕莎士比亚

一个人做了心安理得的事，就是得到了最大的酬报。

　　　　　　　　——〔英国〕莎士比亚

优良的品性是内心真正的财富，而衬显这品性的是良好的教养。

　　　　　　　　——〔英国〕洛　克

美德有助于天才，作家为人愈好，愈能写出好作品。

　　　　　　　　——〔英国〕杨　格

美德是智力最高的证明。

　　　　　　　　——〔英国〕约翰生

论道德情操的堕落，堕落的原因是我们倾向于羡慕有钱有势的人，而鄙视贫穷卑贱的人。

——〔英国〕亚当·斯密

人格不是凭空想便能形成的。必须好好地拿着铁锤，用铸模把它铸出来。

——〔英国〕史密斯

人之风动一世，在品行，而不在地位；地位虽高，无品行，何得风动一世。

——〔英国〕史密斯

有美德而无才能是穿上了铠甲而没有佩剑，穿着它的人确实可以自卫，但不能保护朋友。

——〔英国〕科尔顿

美丽的身材可以吸引真正的倾慕者，但是要持久地吸引他们，需要有美丽的灵魂。

——〔英国〕科尔顿

甚至在我们的欢乐中，恶习也会刺痛我们；但美德却能使我们在痛苦中得以安慰。

——〔英国〕科尔顿

道德中最大的秘密是爱。

——〔英国〕雪　莱

风趣即是高雅优良的德行。

——〔英国〕雪　莱

一个人如果不是真正有道德，就不可能真正有智慧。

——〔英国〕雪　莱

善良与品德兼备，有如宝石之于金属，两者互为衬托，相互辉映。

——〔英国〕萧伯纳

良心是我们每人心头的岗哨，它在那里值勤站岗，监视着我们别做出违法的事情来。

——〔英国〕毛　姆

人世间的大半事，只看名声和幸福便决定一个人的人品。

——〔法国〕罗休夫柯

在一个人民的国家中还要有一种推动的枢纽，这就是美德。

——〔法国〕孟德斯鸠

品德，应该高尚些；处世，应该坦率些；举止，应该礼貌些。

——〔法国〕孟德斯鸠

我见过一些人，德行美好，而态度自然，使人不感觉到他们身怀美德，因为他们恪尽天职，毫不勉强，一切表现，如出本能。他们绝不至于长篇大论，指出自己稀世的优点，因为他们自己仿佛根本不知道有这回事。

——〔法国〕孟德斯鸠

我不喜爱那种对于自己的德行似乎不胜惊叹的人，他们拿自己的善行作为奇迹，讲给人听，非让人大吃一惊不止。

——〔法国〕孟德斯鸠

一个人真正的良心就是神圣的庙宇。

——〔法国〕卢　梭

只有在庄稼人的粗布衣服下面，而不是在廷臣的绣金衣服下面，才能发现有力的身躯。装饰与德行是格格不入的，因为德行是灵魂的力量。

——〔法国〕卢　梭

美德好比战场。我们要过美德的生活，要常常和自己斗争。

——〔法国〕卢　梭

如果道德败坏了，趣味也必然会堕落。

——〔法国〕狄德罗

真理和美德是艺术的两个密友，你要当作家、当批评家吗？请首先做一个有德行的人。

——〔法国〕狄德罗

德行之力，十倍于身体之力。

——〔法国〕拿破仑

不道德的人，污秽的、犯罪的人，危害社会的反常人，他们的灵魂与行动是丑的，弑父的逆子、卖国贼、无耻的野心家，他们的灵魂是丑的。

——〔法国〕罗　丹

善良的情操和平衡的智力，是形成良好品性的基础。其他的事物都可能偶然间瞬息逝去，唯有人的人格是长存的东西；它往往在主人离开人世之后，仍受人敬仰。

——〔法国〕都　德

唯有能严守诚实、亲切、友谊等普通的道德，才真正称得上伟大的人物。

——〔法国〕法朗士

我在人世间就找不到任何东西像宁静、善良、大公无私、正义和真理那样使人愉快、动心、可爱和合乎希望；我觉得，如果人们在自己身上珍惜地保存着如此可爱的德行，那么，这些德行对于人们本身就应当是幸福和福利的无穷无尽的源泉。

——〔法国〕梅　叶

没有伟大的品格，就没有伟大的人，甚至也没有伟大的艺术家、伟大的行动者。

——〔法国〕罗曼·罗兰

我们称赞的英雄人物不是那些以思想或力量得胜的人。我所称赞的英雄人物仅仅是那些具有高尚德行的人。

——〔法国〕罗曼·罗兰

有两种东西，人们越是经常反复地思考，就越能感受到它们给人心所灌注的时时翻新、有加无已的赞叹和敬畏：头上的星空和内心的道德法则。

——〔德国〕康　德

能充实心灵的东西，乃是闪烁着星星的苍穹以及我内心的道德律。

——〔德国〕康　德

不要将人格只作为一种手段。

——〔德国〕康　德

才能可在孤独中培养；品格最好还是在世界的汹涌波涛中形成。

——〔德国〕歌　德

人变得真正低劣时，除了高兴别人的不幸外，已无其他乐趣可言。

——〔德国〕歌　德

大地上，赤子的最高幸福是人格。

——〔德国〕歌　德

道德的阶段只有通过审美的阶段来发展。

——〔德国〕席　勒

把德行教给你们的孩子，使人幸福的是德行而非金钱。这是我的经验之谈。在患难中支持我的是道德，使我不致自杀的除了艺术之外，就是道德。

——〔德国〕贝多芬

那些立身扬名出类拔萃的，他们所凭借的力量是德行，而这也正是我的力量。

——〔德国〕贝多芬

没有一个善良的灵魂就没有美德可言，从每一样事物都可以发现到这样的灵魂——人们无需躲避它。

——〔德国〕贝多芬

完美的人格，高尚的品德，是从实际生活中锻炼出来的。

——〔德国〕叔本华

品性是一个人的守护神。

——〔希腊〕赫拉克利特

人有了人格的自尊，必不甘堕落为禽兽，而品德也必自然提高。

——〔希腊〕苏格拉底

即使你还不能坚强得足够成为真正有德之人，你至少也应该仰慕那些伟大的德行！

——〔希腊〕德谟克利特

应该热心地致力于照道德行事，而不要空谈道德。

——〔希腊〕德谟克利特

最有道德的人，是那些有道德却不需由外表表现出来而仍感满足的人。

——〔希腊〕柏拉图

真正的美德不可没有实用的智慧，而实用的智慧也不可没有美德。

——〔希腊〕亚里士多德

德可以分为两种：一种是智慧的德，另一种是行为的德。前者是从学习中得来的，后者是从实践中得来的。

——〔希腊〕亚里士多德

愉快的生活是不能跟各种美德分开的。

——〔希腊〕伊壁鸠鲁

道德是永存的，而财富每天都在更换主人。

——〔希腊〕普鲁塔克

所有的人都一样，美德才是唯一值得尊敬的东西，不是金钱和财产使一个人有价值，人的价值是以他的品德来评断的。

——〔罗马〕塞涅卡

铸成一把宝剑，在于剑锋的锐利及硬度，而不在于它的外鞘的辉煌；同样的，并不是金钱与财产能使一个人有价值，而是他的美德。

——〔罗马〕塞涅卡

道德常常能填补智慧的缺陷，而智慧却永远填补不了道德的缺陷。

——〔意大利〕但　丁

美德一旦拿起武器同野蛮抗争，胜利将不会遥远。

——〔意大利〕但　丁

人不应当像走兽一般地活着，应当追求知识和美德。

——〔意大利〕但　丁

美德是健康，恶习是疾病。

——〔意大利〕彼特拉克

你如果要做一个艺术家，你要牢记：必须开拓你的胸襟，务使心如明镜，能够照见一切事物、一切色彩！

——〔意大利〕达·芬奇

身体的高大，就跟地位的高贵一样，显然有好事儿；然而，假使灵魂是卑劣的，那就不见得有什么好处。

——〔俄国〕克雷洛夫

守法和有良心的人，即使有迫切的需要也不会偷窃，可是，即使把百万金元给了盗贼，也没法指望他从此后不偷不窃。

——〔俄国〕克雷洛夫

我希望除了其他一切科学之外，别忘记了人类一切知识的主要目标：德行。

——〔俄国〕冯维辛

道德的基础不是对个人幸福的追求，而是对整体的幸福，即对部落、民族、阶级、人类的幸福的追求。

——〔俄国〕普列汉诺夫

反省是一面莹澈的镜子，它可以照见心灵上的污点。

> ——〔苏联〕高尔基

没有良好的教养，没有牢固的知识，没有丰富的智力素养和多方面的智力兴趣，要把一个人提高到道德尊严感的高度是不可思议的。

> ——〔苏联〕苏霍姆林斯基

品行是一种复杂的成果，不仅是意识的成果，而且也是知识、力量、习惯、技能、适应、胆量、健康以及最重要的社会经验的成果。

> ——〔苏联〕马卡连柯

血统是从上代传袭的，美德是自己培养的；美德有本身的价值，血统只是借光。

> ——〔西班牙〕塞万提斯

美德的小径是狭窄的，恶德的大道是宽阔的。

> ——〔西班牙〕塞万提斯

高贵以美德为准。

> ——〔西班牙〕塞万提斯

我宁愿要那种虽然看不见但却能够表现出内在品质的美。

> ——〔印度〕泰戈尔

正如田地愈肥沃，蒺藜便愈茂盛一样，一个绝顶聪明的心里如果不去布下智慧与德行的种子，它便会充满着幻异的观念。

——〔捷克〕夸美纽斯

德行的实现是由行为，不是由文字。

——〔捷克〕夸美纽斯

楚兰生于深林，不以无人而不芳；君子修道立德，不以穷困而变节。

——子　路

不患位之不尊，而患德之不崇；不耻禄之不多，而耻智之不博。

——张　衡

所守者道义，所行者忠信，所惜者名节。

——欧阳修

知理则不屈，知势则不沮，知节则不穷。

——苏　洵

才者，德之资也；德者，才之帅也。

——司马光

运气通常照顾深思熟虑者

每个人都是命运的建筑师，辉煌的未来有待我们去筹建。

——〔美国〕朗费罗

所有成功的人都承认自己是因果论者；他们相信成败不是由于命运，而是由于定律，相信在接合开始与终结的一件事的连贯中并没有一个脆弱或破裂的环节。

——〔美国〕爱默生

浅见的人相信命运，相信环境；他们以为是由于某人的名字，或他在那时刚巧在那地方才会如此，若是另外一天便会变成两样。但强者却认为那是因果关系，任何事情都没有幸运与不幸的成分，仔细分析，一切成败与得失，都只不过是一个数学问题，或是一个化学公式而已。

——〔美国〕爱默生

与命运争吵的人，永远无法了解自己。

——〔美国〕惠特曼

今后，我不再求取幸运了，我自己才是幸运。

——〔美国〕惠特曼

对于不会利用机会的人，时机又有什么用呢？一个不受胎的蛋，是要被时间的浪潮冲刷成废物的。

——〔美国〕艾略特

我未曾见过一个早起、勤奋、谨慎、诚实的人抱怨命运不好；良好的品格，优良的习惯，坚强的意志，是不会被假设所谓的命运击败的。

——〔美国〕富兰克林

对于凌驾命运之上的人来说，信心是命运的主宰。

——〔美国〕海伦·凯勒

没有人没碰到过好机会，只是没有捉住它。

——〔美国〕卡耐基

顺境中的好运，为人们所希冀；逆境中的好运，则为人所惊奇。

——〔英国〕培　根

一个机敏、谨慎的人，一定会交一个好运。

——〔英国〕培　根

命运如同市场。如果老待在那里，价格多半是会下跌的。

——〔英国〕培　根

幸运并非没有许多的恐惧与烦恼，厄运也并非没有许多的安慰与希望。

——〔英国〕培　根

当命运微笑时，我也笑着在想，她很快又要蹙眉了。

——〔英国〕培　根

人们不存侥幸之心，方可为幸运的主宰；而幸运除了懦夫之外，都是不敢欺凌的。

——〔英国〕乔　叟

幸运见了有作为的人就援助，见了懦夫就跑开。

——〔英国〕乔　叟

要是不能把握时机，就要终身蹭蹬，一事无成。

——〔英国〕莎士比亚

智慧是命运的一部分，一个人所遭遇的外界环境是会影响他的头脑的。

——〔英国〕莎士比亚

一切的成败得失都在我们自己，然而我们却往往诿之于天意。

——〔英国〕莎士比亚

能够将感情与理智调配得很适当，使命运不能把它玩弄于股掌之间的人是幸福的。

————〔英国〕莎士比亚

不要坐失良机。当时机将有发的头伸出而无人去抓时，回头她便要伸出一个秃头来。

————〔英国〕莎士比亚

人们有时可以支配自己的命运，若我们受制于人，那错处不在我们的命运，而在我们自己。

————〔英国〕莎士比亚

命运是一个善良的女神，她不愿让小人永远得志。

————〔英国〕莎士比亚

在灰暗的日子中，不要让冷酷的命运窃喜；命运既然来凌辱我们，我们就应该用处之泰然的态度予以报复。

————〔英国〕莎士比亚

命运给我们自由发展的机会，只有当我们自己顽冥不灵时，我们的计划才会遭遇挫败。

————〔英国〕莎士比亚

危困可以考验一个人的精神，安泰的境遇任何平凡的人都能应付；风平浪静的海面，所有的船只都可以并驱竞胜；但当命运的铁掌击中要害时，却只有大智大勇的人方能处之泰然。

——〔英国〕莎士比亚

从最高地位上跌落下来，那变化是可悲的；但命运的转机却能使穷困的人欢笑。

——〔英国〕莎士比亚

在命运的颠沛中，最容易看出一个人的气节。

——〔英国〕莎士比亚

生存还是毁灭，这是一个值得考虑的问题：默默忍受暴虐命运的箭矢，还是挺身反抗无涯的苦难，在奋斗中结束一切？这两种行为，究竟哪一种是更勇敢的？

——〔英国〕莎士比亚

智慧和命运交锋时，如果智慧有敢作敢为的胆识，命运就没有机会动摇它。

——〔英国〕莎士比亚

所有人类的事物都注定退化与衰落，当命运召唤时，君王也必须服役。

——〔英国〕德莱顿

命运的骰子一掷，国王就变成了农民，农民变成国王。

——〔英国〕德莱顿

真正幸运者并不是拿到赌桌上最好的牌的人，而是那些知道什么时候应该离座回家的人。

——〔英国〕约翰生

天助自助之人。

——〔英国〕史密斯

亲我者叹息，仇我者微笑，然而苍天在上，我心随遇而安。

——〔英国〕拜　伦

宿命论是那些毅力薄弱者的借口。

——〔英国〕迪斯累里

人就是人，是自己命运的主人。

——〔英国〕丁尼生

人们总是把自己的处境归咎于机会不好。我不相信机会。在这个世界上取得成功的人，是那些努力去寻找他们想要的机会的人，如果找不到机会，他们就自己创造机会。

——〔英国〕萧伯纳

命运的力量只是在遭受悲剧后才被承认，幸运儿们把他们所有的成功归结为自己的精明或其他优点。

——〔英国〕斯威夫特

有时，机遇带给我们的线索的重要性十分明显，但有时只是微不足道的小事，只有很有造诣的人，其思想满载着有关论据并已发展成熟适于作出发现，才能看到这些小事的意义所在。

——〔英国〕贝弗里奇

机会是注意力的产物。

——〔英国〕洛　震

机会相等是证明不同的才干的一个平等的机会。

——〔英国〕塞缪尔

运气是镜子，照得最明亮时便碎了。

——〔法国〕蒙　田

命运不会使我们幸福或不幸，它只提供材料和种子而已。

——〔法国〕蒙　田

没有所谓运气这东西。一切无非是考验、惩罚或补偿。

——〔法国〕伏尔泰

才能不配以时机，它会变成无用。

——〔法国〕拿破仑

机会来的时候像闪电一般短促，全靠你不假思索地利用。

——〔法国〕巴尔扎克

对于某些生不逢时的人来说，他们所需要的不是天堂就是地狱。

——〔法国〕巴尔扎克

善于等待的人，一切都会及时来到。

——〔法国〕巴尔扎克

人们常觉得准备的阶段是在浪费时间，只有当真正机会来临，而自己没有能力把握的时候，才能觉悟自己平时没有准备才是浪费了时间。

——〔法国〕罗曼·罗兰

只有把抱怨环境的心情，化为上进的力量，才是成功的保证。

——〔法国〕罗曼·罗兰

弱者坐待时机；强者制造时机。

——〔法国〕居里夫人

人的命运就操在人的手里。

——〔法国〕萨　特

人类即使有各自的命运，却没有所谓超越人类的命运。

——〔法国〕加　缪

你可能借机会获得一份好差使，但你却不能凭机会去确保它。

——〔法国〕塞　尚

人都认为，自己的一生要自己来引导。但在心灵深处，却有着任凭命运摆布而无法加以抗拒的东西。

——〔德国〕歌　德

我要扼住命运的咽喉，它休想使我屈服。

——〔德国〕贝多芬

运气就像一个球那样圆圆的，所以很自然地，它并非总是滚落在最善良、最高贵的人的头上。

——〔德国〕贝多芬

不论怎样不幸都会带来某种幸运。

——〔德国〕贝多芬

命运并不是来自某处，而是在自己的心田里成长。

——〔德国〕海　涅

没有哪个胜利者信仰机遇。

——〔德国〕尼　采

没有侥幸这回事，最偶然的意外，似乎也都是有必然性的。

——〔德国〕爱因斯坦

命运往往是严酷的，它能够使一个意志坚强的人产生动摇和颓唐，甚至也能促使一个人在精神上完全垮掉。但是，我坚信真理必胜。正是这种信念支撑着我经受住眼前的严峻考验……

——〔德国〕台尔曼

你应该认定自己的命运；任何人都不可能在每一件事物上都超人一等。

——〔希腊〕伊　索

运气永远不会帮助没有勇气的人。

——〔希腊〕索福克勒斯

命运是机会的影子。

——〔希腊〕苏格拉底

迎头搏击才能前进，勇气减轻了命运的打击。

——〔希腊〕德谟克利特

你还能想得出比这样的一个人更好的人吗？……他不相信有些人拿来当作万物之主的那个命运，他认为我们拥有决定事变的主要力量，他把一些事物归因于必然，一些事物归因于机遇，一些事物归因于我们自己……

——〔希腊〕伊壁鸠鲁

如果我们不留意观望，便会失去时机；如果我们不迅速进行，就会落后；结果最好的时光逃避我们，最坏的却接踵而来。

——〔罗马〕塞涅卡

命运特别在战争上能扮演最大的角色，那是从小小的原因，引起决定性的变化。

——〔罗马〕恺　撒

命运的变化都写在我们自己的脸上。

——〔罗马〕贺拉斯

每个人的命运之星就在各自的胸中。

——〔波斯〕萨　迪

自己是自己命运的创造者。

——〔俄国〕谢德林

对于命运的变化无常，我们慨叹得太多了。发不了财的，升不了官的，都要埋怨命运不好。然而，仔细想想吧！过失还是在于自己。

——〔俄国〕克雷洛夫

自己的命运要靠自己开创。对于虚伪欺诈，必须绝对加以摒弃拒绝。

——〔俄国〕契诃夫

平坦的道路，也难免有绊倒的时候。人的命运亦如此。因为，除了神以外，谁都不知真实为何物。

——〔俄国〕契诃夫

像一支和顽强的崖口进行搏斗的狂奔的激流，你应该不顾一切纵身跳进你那陌生的、不可知的命运，然后，以大无畏的英勇把它完全征服，不管有多少困难向你挑衅。

——〔印度〕泰戈尔

命运是神所想的东西，人只要勤奋工作就行了。

——〔日本〕夏目漱石

命运比偶然还要必然。"命运在性格中"一语，断非等闲而生的。

——〔日本〕芥川龙之介

人们对自己实际拥有什么东西，并不怎么感谢命运，对于自己缺少什么东西，却总是加倍地埋怨命运。

——〔瑞士〕凯　勒

运气通常照顾深思熟虑者。

——〔瑞典〕诺贝尔

人要毅然忍受现实的命运，这里蕴藏着一切的真理。

——〔荷兰〕凡　高

由智慧所养成的习惯能成为第二本性

我们最稳当的保证人是我们自己的智慧。

——〔美国〕华盛顿

智慧的可靠标志就是能够在平凡中发现奇迹。

——〔美国〕爱默生

智慧可归纳为一点：致力于工作的时间永远不会白白失去。

——〔美国〕爱默生

要人们明白他的愚蠢实在不可能。因为那需要知识去领悟，所以，能领悟它的人是不会愚昧的。

——〔美国〕泰　罗

智慧就是能迅速看出事物的本来面目。

——〔美国〕桑塔亚娜

明智的百分之九十在于明智得及时。

——〔美国〕罗斯福

要做出明智的判断，我们必须知道事物在不明智的人眼里看上去是怎么样。

——〔美国〕艾略特

明智者创造的机会比他发现的要多。

——〔英国〕培　根

由智慧所养成的习惯能成为第二本性。

——〔英国〕培　根

智者常以愚人为前车之鉴。

——〔英国〕乔　叟

傻子自以为聪明，但聪明人知道他自己是个傻子。

——〔英国〕莎士比亚

愚人的蠢事算不得稀奇，聪明人的蠢事才叫人笑破肚皮；因为他以全部的本领，用知识来证明他自己的愚笨。

——〔英国〕莎士比亚

与其做愚蠢的智人，不如做聪明的愚人。

——〔英国〕莎士比亚

简洁向来就是智慧的精髓。

——〔英国〕莎士比亚

聪明人是不希望自己年轻的。

——〔英国〕斯威夫特

聪明指的是用最好的办法去追求最好的目标。

——〔英国〕哈奇生

几乎所有的愚蠢行为，不外是由模仿他人而生。

——〔英国〕约翰生

什么也比不上视域里有个敌人更能使一个人明智。

——〔英国〕哈利法克斯

愚蠢和天资相当相似。尽管在本质上面有所不同，但是却难以辨别。

——〔英国〕柯　柏

知识自夸懂得非常多，智慧自谦什么都不懂。

——〔英国〕柯　柏

要成为最高的实务家，机智也很重要。这种机智即使一部分源自天性，还得凭着观察和经验加以修养并使之发挥效益。

——〔英国〕史密斯

最大的傻瓜能问出远远超过最聪明的人能回答的

问题。

——〔英国〕科尔顿

精明和智慧是非常不同的两件事。精明的人是精细考虑他自己利益的人；智慧的人是精细考虑他人利益的人。

——〔英国〕雪　莱

傻子的哲学是把智慧变成愚蠢，把科学变成迷信，把艺术变成糟粕。

——〔英国〕萧伯纳

膨胀的头脑里为所知道的为数很少的事物所占据，没有地方再容纳尚不知道的数不清的事物。

——〔英国〕萧伯纳

知识不存在的地方，愚昧就自命为科学。

——〔英国〕萧伯纳

当愚蠢的人在自愧的时候，他常说这是我应尽的义务。

——〔英国〕萧伯纳

愚蠢和智慧在探索和解决人类所面临的意外事件的同一点上相遇了。智者能够抑制恶，而其他人都没有意识到恶。

——〔法国〕蒙　田

纵然我们可以借他人的知识而增进见闻，但是，智慧者依靠自己的智慧，倒是确然的事。

——〔法国〕蒙　田

聪明人看到他应该看到的那么多，而不是他能够看到的那么多。

——〔法国〕蒙　田

认识自身的缺点，是一个人最高智慧的表现。

——〔法国〕罗休夫柯

无知会使智慧因缺乏食粮而萎缩。

——〔法国〕爱尔维修

世界上再也没有比智慧更令人敬仰的东西了。

——〔法国〕爱尔维修

想得好是聪明；计划得好更聪明；做得好是最聪明而又最好。

——〔法国〕拿破仑

克服障碍达到目的，唯赖智慧、勤俭与机智三者。

——〔法国〕拿破仑

聪明才智是推动社会的杠杆。

——〔法国〕巴尔扎克

谨慎是智慧的果子。

——〔法国〕雨　果

如果你是聪明的，你会知道自己无知；如果你不认识自己，你便是愚昧的。

——〔德国〕马丁·路德

生活中最没有用的东西是财产，最有用的东西是才智。

——〔德国〕莱　辛

智慧寓于真理中。

——〔德国〕歌　德

没有智慧的人，就会受人欺骗，被人迷惑，让人剥削。只有具有思想的人，才是自由的和独立的人。

——〔德国〕费尔巴哈

智慧、勤劳和天才，高于显贵和富有。

——〔德国〕贝多芬

我对许多事情永远不想知道——智慧给认识也划出了界限。

——〔德国〕尼　采

智慧就在于说出真理，按照自然行事，倾听自然的话。

——〔希腊〕赫拉克利特

真正高明的人，就是能够借助别人的智慧，来使自己不受蒙蔽的人。

——〔希腊〕苏格拉底

坚定不移的智慧是最宝贵的东西，胜过其余的一切。

——〔希腊〕德谟克利特

智慧有三果：一是思虑周到，二是语言得当，三是行为公正。

——〔希腊〕德谟克利特

身体的有力和美是青年的好处，至于智慧的美则是老年所特有的财产。

——〔希腊〕德谟克利特

好人之所以好是因为他是有智慧的，坏人之所以坏是因为他是愚蠢的。

——〔希腊〕柏拉图

智者说话，是因为他们有话要说；愚者说话，则是因为他们想说。

——〔希腊〕柏拉图

聪明人总是与另外的聪明人意见相符；傻瓜常常既不赞同聪明人，也不赞同笨蛋。与此相似，直线总

能与直线相吻合；而曲线既不彼此吻合，更不会同直
线相一致。

——〔希腊〕亚里士多德

为别人的事比为自己的事容易有智慧。

——〔罗马〕西塞罗

经验是智慧的源泉。

——〔罗马〕西塞罗

智者受理智的指导；常人受经验的指导；愚昧者
受需要的指导；而野兽受直觉的指导。

——〔罗马〕西塞罗

光有智慧是不够的，还要善于运用它。

——〔罗马〕西塞罗

一个人没有知识是可怕的，但没有智慧就更
可怕。

——〔罗马〕西塞罗

智慧使自己逐渐产生神圣的灵魂。

——〔罗马〕奥古斯丁

有智慧而不将其灌注于生活中的人，犹如一个只
耕田而不播种的农夫。

——〔波斯〕萨　迪

愚昧将使你达不到任何成果，并在失望和忧郁之中自暴自弃。

——〔意大利〕达·芬奇

人的智慧不用就会枯萎。

——〔意大利〕达·芬奇

智慧是经验之女。

——〔意大利〕达·芬奇

趁年轻少壮去探求知识吧！它将弥补老年带来的亏损。智慧乃是老年的精神的养料，所以年轻时应该努力，这样年老时才不致空虚。

——〔意大利〕达·芬奇

聪明睿智的特点就在于，只需看到和听到一点就能长久地考虑和更多地理解。

——〔意大利〕布鲁诺

没有智慧的蛮力是没有什么价值的。

——〔俄国〕克雷洛夫

不要急着做决定，只要睡一晚，就会涌出好的智慧。

——〔俄国〕普希金

才智是人的精神武器。

——〔俄国〕别林斯基

没有智慧的头脑，就像没有蜡烛的灯笼。

　　　　　　——〔俄国〕列夫·托尔斯泰

聪明才智不在于知识渊博。我们不可能什么都知道。聪明才智不在于尽量地多知道，而在于知道最必要的东西，知道哪些东西不甚需要，哪些东西根本不需要。

　　　　　　——〔俄国〕列夫·托尔斯泰

在一切日常琐事上，聪明不在于知道应该做什么，而在于知道应该先做什么，后做什么。

　　　　　　——〔俄国〕列夫·托尔斯泰

观察与经验和谐地应用到生活上去就是智慧。

　　　　　　——〔俄国〕冈察洛夫

用自己的智慧开拓的前程，永远要比卑躬屈膝或者钻营拍马屁的前程，更牢固、更广阔得多。

　　　　　　——〔俄国〕皮萨列夫

聪明人喜欢学习，可是傻瓜却喜欢教导。

　　　　　　——〔俄国〕契诃夫

与智慧结合的幻想是艺术之母和奇迹之源。

　　　　　　——〔西班牙〕戈　雅

用铁锤无法开启锁，唯有吻合那把锁的钥匙才能开启。

——〔印度〕泰戈尔

假如有人把心思用在研究智慧上面，他的研究便没有止境；因为一个人愈是多知道，他便愈知自己的无能。

——〔捷克〕夸美纽斯

傻瓜从聪明人那儿什么也学不到，聪明人却能从傻瓜那儿学到不少。

——〔瑞士〕拉瓦特

舍善而趋恶不是人类的本性

善良是一桩伟大的事。但是，教人如何行善，更是伟大，而且更轻而易举。

—— 〔美国〕马克·吐温

扶起弱者还不够，以后必须还要支撑他。

—— 〔英国〕莎士比亚

一支小小的蜡烛，它的光照耀得多么远！一件善事也正像一支蜡烛，在这罪恶的世界上大放光辉。

—— 〔英国〕莎士比亚

慈悲不是出于勉强的感情，它是像甘露一样从天上降下尘世，它不但给幸福于受施的人，也同样给幸福于赐惠的人。

—— 〔英国〕莎士比亚

我们祈祷上帝慈悲，自己就应该做一些慈悲的事。

—— 〔英国〕莎士比亚

任何恶德的外表也都附有若干美德的标志。

——〔英国〕莎士比亚

美德是勇敢的，善良从来不害怕什么。

——〔英国〕莎士比亚

将自己陷于罪恶中的人是常人；为自己的罪过烦忧的人是圣贤；夸耀自己的罪过的人是魔鬼。

——〔英国〕富　勒

为人设想多，为己设想少，抑制私欲，实施慈爱之念，即构成人性之完美。

——〔英国〕亚当·斯密

善是被动的，它服从于理性。恶是主动的，它产生于作为。善是天堂。恶是地狱。

——〔英国〕布莱克

如果一个人不能正确地直视恶，他就绝不会搞清楚恶实际上是什么，因而也不能同它进行有效的斗争。

——〔英国〕萧伯纳

相信别人的善性并不是否定自己的善性。

——〔法国〕蒙　田

当我从宗教上进行忏悔的时候，我就发现，我所具有最美好的善行也带有某些恶行的迹象。

——〔法国〕蒙　田

人一作恶，必然有后悔之意。加害于人时，往往会想到被害的地方，必然满腔愤懑地怨恨着自己，这是人之常情。因此，即令戴着伪善的面具，若碰到意想不到的拷问，我们的脸孔或舌头便会禁不住吐实。

——〔法国〕巴尔扎克

恶是有必要的。假如没有恶存在的话，善也就不会存在。恶是善唯一存在的理由。

——〔法国〕法朗士

我惧怕自己的良心，有过于惧怕教皇与主教。我自己就是我心中最伟大的教皇。

——〔德国〕马丁·路德

违反良心的行动，是危险而不当的。

——〔德国〕马丁·路德

邪恶穿行于充满欲望的路径，引诱许多人跟着它走。美德追求一条险峻陡峭的途径，对人就较少诱惑力，如果别的地方有很多人招呼人们走一条微微倾斜的道路时，美德对他们就更没有吸引力了。

——〔德国〕贝多芬

善是什么？——所有增强感情的权力，权力的意志和生命本身的权力都是善。恶是什么？——所有削弱这一切的都是恶。

——〔德国〕尼　采

人间的恶人即使装出十分善心的样子，有思想的人也不会看不出的。

——〔希腊〕伊　索

自夸的人的虚荣的性格显示他的隐秘的恶。

——〔希腊〕伊　索

舍善而趋恶不是人类的本性。

——〔希腊〕柏拉图

善性是难能可贵的，也是高尚和值得称赞的。

——〔希腊〕亚里士多德

如果恶完全变成不堪忍受的，它也将自灭。

——〔希腊〕亚里士多德

善良与仁慈比单纯的公正有更大的活动领域，根据事物本质，我们不能对人之外的生灵施行法律与公正，但是，我们可以把宽容、善良扩及无理性的动物。

——〔希腊〕普鲁塔克

我们中间大多数人欲求恶，这是由于我们无知和不懂得善是什么。

——〔希腊〕普鲁塔克

使自己获得好处的最佳方法，是将好处施给别人。

——〔罗马〕塞涅卡

对于善恶的无知是人类生活中最动乱的因素。

——〔罗马〕西塞罗

对于道德的实践来说，最好的观众就是人们自己的良心。

——〔罗马〕西塞罗

永远不要将自己的镰刀割到别人的麦穗上。

——〔罗马〕贺拉斯

假如我们不占有善，那我们就不能使用善，我们也就永远不能把任何一件好的事情带给没有能力得到善的人。

——〔罗马〕普洛丁

永生是至善，永死是至恶。

——〔罗马〕奥古斯丁

没有信仰和希望，就不可能有仁慈。

——〔意大利〕阿奎那

　　要是我们看到了丑恶，却不用愤怒的手指把它点出来，那我们也离丑恶不远了。

　　　　　　　　　　——〔俄国〕克雷洛夫

　　行善必须努力，然而，抑制恶更须努力。

　　　　　　　　　——〔俄国〕列夫·托尔斯泰

　　人的恶行只有两个原因，即怠惰和迷信。同样地，善举也只有两个原因，即活动及睿智。

　　　　　　　　　——〔俄国〕列夫·托尔斯泰

　　邪恶——这是人生来就背着的包袱。

　　　　　　　　　　　——〔俄国〕契诃夫

　　人不能抵抗恶，但能抵抗善。

　　　　　　　　　　　——〔俄国〕契诃夫

　　善良的人，甚至在狗面前也会感到害羞。

　　　　　　　　　　　——〔俄国〕契诃夫

　　人类两个最大的罪恶，是脾气暴躁和怠惰。从这两项罪恶里，会发生各种的罪恶。由于脾气不好，人从天国被放逐；由于怠惰，他们不肯回天国。

　　　　　　　　　　——〔奥地利〕卡夫卡

　　罪恶最有效果的诱惑手段之一，是诱惑你去争斗。

　　　　　　　　　　——〔奥地利〕卡夫卡

有许多善人在意想不到的时候，会突然变成坏人，所以不可掉以轻心。

——〔日本〕夏目漱石

善是对自己的要求。

——〔日本〕仓田百三

人而好善，福虽未至，祸其远矣；人而不好善，祸虽未至，福其远矣。

——徐　干

勿以恶小而为之，勿以善小而不为。

——陈　寿

君子能扶人之危，周人之急，固是善事；能不自夸，则益善矣。

——史揘臣

我如为善，虽一介寒士，有人服其德；我如为恶，虽位极人臣，有人议其过。

——史揘臣

只有美才能使整个世界幸福

懿行美德远胜于貌美。

——〔美国〕富兰克林

美的欣赏是可以意会而不可以言传的；这随各人的心境志趣嗜好而不同。

——〔美国〕富兰克林

美丽的姿态胜过美丽的脸孔，美丽的行为胜过美丽的姿态。

——〔美国〕爱默生

我为求美才旅行全世界，实际上，必须携同这种美去旅行才对。不然，难以寻找到美。

——〔美国〕爱默生

全部的美，都是由纯洁的血液和伟大的脑髓产生出来的。

——〔美国〕惠特曼

美貌的人并不都有其他方面的才能……所以许多容颜俊秀的人却一无所为，他们过于追求外形的美而放弃了内在的美。

——〔英国〕培　根

相貌的美高于色泽的美，而秀雅合适的动作的美，又高于相貌的美，这是美的精华。

——〔英国〕培　根

美貌倘若生于一个品德高尚的人身上，当然是很光彩的；品行不端的人在它面前，便要自惭形秽，远自遁避了。

——〔英国〕培　根

美的至高无上的部分，无法以彩笔描出来。

——〔英国〕培　根

美有如夏天的水果，容易腐烂且不持久。

——〔英国〕培　根

只有美貌而缺乏修养的人是不值得赞美的。

——〔英国〕培　根

贞洁配以美貌，有如糖中加蜜。

——〔英国〕莎士比亚

美如果有了真来做贵重的装饰，它看来就要美多少倍呀。

——〔英国〕莎士比亚

美丽比黄金更容易招引盗贼。

——〔英国〕莎士比亚

美而无德，有如没有香味的花，虚有其表。

——〔英国〕笛　福

最能直接打动心灵的还是美。美立刻在想象里渗透一种内在的欣喜和满足。

——〔英国〕艾迪生

凡是美的都是和谐和比例适度的。

——〔英国〕夏夫兹博里

美与价值只是相对的，都是一个特别的对象按照一个特别的人的心理构造和性情，在那个人心上所造成的一种愉快的情绪。

——〔英国〕休　谟

美并不是事物本身里的一种性质，它只存在于观赏者的心里，每一个人的心看出一种不同的美。这个人觉得丑，另一个人可能觉得美。每个人应该默认他自己的感觉，也应该不要求支配别人的感觉。

——〔英国〕休　谟

悲壮美是最感人的美。

——〔英国〕伯　克

美的事物都是永远不绝的喜悦源泉。

　　　　　　——〔英国〕济　慈

幽静的花是那么美！如果它们涌上大街，大叫大喊："欣赏我吧！"它们将要失去多少美啊！

　　　　　　——〔英国〕济　慈

创造一个完美的人，比建筑一座华美的高楼或寺院更难得多。

　　　　　　——〔英国〕罗斯金

永远记住这点：世界上最不平凡的美是在家里的美。

　　　　　　——〔英国〕萧伯纳

时髦的玩意儿，只要表面的光彩一脱，就无价值可言。时髦只是一种表面现象。

　　　　　　——〔法国〕莫里哀

因为情感真，所以美；因为情感美，所以善；因为情感善，所以写出来的东西自然要高。

　　　　　　——〔法国〕孟德斯鸠

矫揉造作，失去真实的不是美，充满了富贵荣华的名利思想，也不是真美。

　　　　　　——〔法国〕孟德斯鸠

一般地说，精确的审美趣味在于能在许多毛病中发现出一点美和在许多美点中发现出一点毛病的那种敏捷的感觉。

——〔法国〕伏尔泰

一个女人可以用化妆品来使她出风头，但要获得别人的喜爱，还要依赖于她的人品……真正的美，是美在她本身能显出奕奕的神采。

——〔法国〕卢　梭

真、善、美是些十分相近的品质，在前面的两种品质之上加一些难得而出色的情状，真就显得美，善也显得美。

——〔法国〕狄德罗

心灵美就是精神的美与道德的美。

——〔法国〕库　申

美的特点并非刺激欲望或把它点燃起来，而是使它纯洁化、高尚化。

——〔法国〕库　申

世界上最广阔的是海洋，比海洋更广阔的是天空，比天空更广阔的是人的心灵。

——〔法国〕雨　果

假如没有内在的美，任何外貌的美都是不完备的。

——〔法国〕雨　果

美和适用是一样有用的。

——〔法国〕雨　果

美是表情。当我描绘一位母亲时，不管她是怎样的丑妇，只要描绘她望着爱儿的神情，便抓住母性的美丽了。

——〔法国〕米　勒

美是到处都有的。对于我们的眼睛，不是缺少美，而是缺少发现。

——〔法国〕罗　丹

美是到处都有的，只有真诚和富有情感的人才能发现它。

——〔法国〕罗　丹

美，就是性格和表现。

——〔法国〕罗　丹

在作家看来，一切都是美，只有美才能打动人的心灵，给人以真正的艺术享受。

——〔法国〕莫泊桑

美的意象是人所共有的！

——〔法国〕莫泊桑

人类有一种爱美的本性。

——〔法国〕罗曼·罗兰

真实的东西才是最美的。它不会使人失望，叫人对未来充满信心。

——〔法国〕罗曼·罗兰

让一切事物在我面前放出彩虹，让一切美闪烁着我的爱。

——〔法国〕纪　德

美是道德的象征。

——〔德国〕康　德

自然的美是一个美的事物，艺术的美是一个事物的美的表现。

——〔德国〕康　德

美的艺术是一种意境，它本身虽然没有目的，但具有内在的目的性。为了社会交流的利益，它可以推进各种精神力量的修养。

——〔德国〕康　德

美是那不凭借概念而普遍令人愉快的。

——〔德国〕康　德

我们固然不能说，凡是合理的都是美的，但凡是美的确实都是合理的，至少是应该合理的。

——〔德国〕歌　德

外貌美只能取悦一时，内心美方能经久不衰。

——〔德国〕歌　德

美，使隐藏的自然法则显现出来。自然的法则如果不因美显现，势必永藏不出。

——〔德国〕歌　德

美，其实是一种本原现象，它本身固然从来不出现，但它反映在创造精神的无数不同的表现中，都是可以目睹的，它和自然一样丰富多彩。

——〔德国〕歌　德

美的最高理想要在内在与形式的尽量完美的结合与平衡里才可以找到。

——〔德国〕席　勒

只有美才能使整个世界幸福。

——〔德国〕席　勒

谁要是感受到美，他就会忘掉自己的局限性。

——〔德国〕席　勒

若要把感性的人变为理性的人，唯一的途径是先使他成为审美的人。

——〔德国〕席　勒

真正美的东西，必须一方面跟自然一致，另一方面跟理想一致。

——〔德国〕席　勒

我深信，真和善只有在美中间才能水乳交融……一个人如果没有美感，做什么都是没精打采的，甚至谈论历史也无法谈得有声有色。

——〔德国〕黑格尔

审美带有令人解放的性质。

——〔德国〕黑格尔

在一切创造物中间，没有比人的心灵更美、更好的东西了。

——〔德国〕海　涅

劳动创造了美。

——〔德国〕马克思

身体的美若不与聪明的才智相结合，就会成为某种动物性的东西。

——〔希腊〕德谟克利特

追求美而不亵渎美，这种爱是正当的。

——〔希腊〕德谟克利特

少说话对于女人是一种装饰，而装饰简朴在她也是一种美。

——〔希腊〕德谟克利特

语言的美、乐调的美以及节奏的美，都表现好性情。所谓"好性情"并不是我们通常用来恭维愚笨人的那个意思，而是心灵真正尽善尽美。

——〔希腊〕柏拉图

应当学会把心灵的美看得比形体的美更珍贵，如果遇见一个美的心灵，纵然他在形体上不甚美观，也应该对他起爱慕，凭他来孕育最适宜于使青年人得益的道理。

——〔希腊〕柏拉图

先从人世间个别的美的事物开始，逐渐提升到最高境界的美，好像升梯，逐步上进，从一个美形体到两个美形体，从两个美形体到全体的美形体；再从美的形体到美的行为制度，从美的行为制度到美的学问知识，最后再从美的学问知识一直到只有以美本身为对象的那种学问，彻悟美的本身。

——〔希腊〕柏拉图

美是真的光辉。

——〔希腊〕柏拉图

美是一种善，其所以引起快感，正因为它善。

——〔希腊〕亚里士多德

美有两种——即甜美与尊严，我们应把甜美视为女人的特性，把尊严视为男人的特性。

——〔罗马〕西塞罗

眼睛如果还没有变得像太阳，它就看不见太阳；心灵也是如此，本身如果不美，也就看不见美。

——〔罗马〕普洛丁

真实就是美，与真实对立的就是丑。

——〔罗马〕普洛丁

心灵由理性而美。

——〔罗马〕普洛丁

你们不见美貌的青年穿戴过分反而折损了他们的美吗？你不见山村妇女，穿着朴实无华的衣服反比盛装的妇女要美得多吗？

——〔意大利〕达·芬奇

像热不能同火分离一样，美不能离开永恒而存在。而我的思想是来自永恒的，燃烧着和永恒类似的东西。

——〔意大利〕米开朗基罗

努力创造美，不仅能给你带来欢乐，而且能使你臻于完美。

——〔意大利〕索菲娅·罗兰

灵魂的美胜于身体的美。

——〔意大利〕布鲁诺

无论在哪一种情况下，美都是从灵魂深处发出的，因为大自然景象不可能具有绝对的美，这美隐藏在创造或者观察它们的那个人的灵魂里。

——〔俄国〕别林斯基

人外表的优美和纯洁，应是他内心优美和纯洁的表现。

——〔俄国〕别林斯基

人得自天赋的美感应该提高到由学习、修养而形成的审美趣味的水平。

——〔俄国〕别林斯基

在活生生的现实里有很多美的事物，或者更确切地说，一切美的事物只能包括在活生生的现实里。

——〔俄国〕别林斯基

美的事物在人心中所唤起的感情，是类似我们当着亲爱的人面前洋溢于我们心中的那种愉悦。

——〔俄国〕车尔尼雪夫斯基

美，存在于生活之中，而对于美的发现，则要靠人们对它的理解和认识。

——〔俄国〕车尔尼雪夫斯基

一切美的东西都是出类拔萃的东西。但并非所有出类拔萃的东西都是美的。

——〔俄国〕车尔尼雪夫斯基

美的东西总是与人生的幸福和欢乐相连。

——〔俄国〕车尔尼雪夫斯基

只有当丑力求自炫为美的时候，丑才变成了滑稽。

——〔俄国〕车尔尼雪夫斯基

什么是美？美——就是我们所爱的东西。不是因为美才可爱，而是因为可爱才美的。

——〔俄国〕列夫·托尔斯泰

朴素是美的必要条件。

——〔俄国〕列夫·托尔斯泰

一切使人团结的是善与美；一切使人分裂的是恶与丑。

——〔俄国〕列夫·托尔斯泰

人的一切都应该是美的：心灵、面貌、衣裳。

——〔俄国〕契诃夫

美是人自己从他的灵魂深处创造出来的。

　　　　　　——〔苏联〕高尔基

真正的美和真正的智慧一样，是非常朴素的。

　　　　　　——〔苏联〕高尔基

照天性来说，人都是艺术家。他无论在什么地方，总是希望把美带到他的生活中去。

　　　　　　——〔苏联〕高尔基

一个人的美不在外表，而在才华、气质和品质。

　　　　　　——〔苏联〕马雅可夫斯基

人的美并不在于外貌、衣服和发式，而在于他的本身，在于他的心；要是人没有内心的美，我们常常会厌恶他漂亮的外表。

　　　　　　——〔苏联〕奥斯特洛夫斯基

在关于人的美的观念中，我们把精神美——忠于信念、有人性、对恶毫不妥协置于首要的地位。

　　　　　　——〔苏联〕苏霍姆林斯基

美——是道德纯洁、精神丰富和体魄健全的强大源泉。

　　　　　　——〔苏联〕苏霍姆林斯基

美是一种心灵的体操——它使我们的精神正直、

良心纯洁、情感和信念端正。

——〔苏联〕苏霍姆林斯基

美似乎在打开人们对世界的看法。经过长期的美的陶冶，会在不知不觉中感到不良的、丑恶的东西是不可容忍的。

——〔苏联〕苏霍姆林斯基

美是一面镜子，你在这面镜子里可以照见你自己，从而对自己采取这样或那样的态度。

——〔苏联〕苏霍姆林斯基

用劳动来创造美的时候，美才能使人的情操更为高尚。

——〔苏联〕苏霍姆林斯基

美教给人识别恶，并与之进行斗争。

——〔苏联〕苏霍姆林斯基

美具有精神价值……美的享受永远是精神的和理智的。

——〔苏联〕苏霍姆林斯基

你可以从外表的美来评论一朵花或一只蝴蝶，但你不能这样来评论一个人。

——〔印度〕泰戈尔

采着花瓣时，得不到花的美丽。

———〔印度〕泰戈尔

产生快感的叫作美，产生不快感的叫作丑。

———〔荷兰〕斯宾诺莎

只有美才能征服我们，我们只受美的支配。

———〔黎巴嫩〕纪伯伦

世上只有两个元素，美和真；美在情人的心中，真在耕者的臂里。

———〔黎巴嫩〕纪伯伦

美是必要的，快乐是必要的，爱情也是必要的。但这一切都应该有健康的基础。我们想看到青年人健康、漂亮、聪明和好的品质。

———〔保加利亚〕季米特洛夫

佳人不同体，美人不同面，而皆悦于目。梨橘枣栗不同味，而皆调于口。

———刘　安

物有美恶，施用有宜；美不常珍，恶不终弃。

———刘　昼

应提倡美育，使人生美化，使人的性灵寄托于美，而将忧患忘却。于学校中可实现者，如音乐、图画、旅行、游戏、演剧等，均可去做，以之代替不好的消遣。

——蔡元培

爱美是人类的天性。

——梁启超

我确信美是人类生活的要素；或者还是各种要素中之主要者，倘若在生活全内容中把"美"的成分抽去，恐怕便活得不自在，甚至活不成。

——梁启超

美的愉快的根底里，倘不伏着功用，那事物也就不见得美了。

——鲁　迅

美有如火之热情，美有冷静之头脑，美有冰雪之聪明，美有自由之规律，美有无边之真诚，美有极端之善意，美有至乐之境域。

——潘天寿

丑和美不但可以互转，而且可以由反衬而使美者愈美，丑者愈丑。

——朱光潜

要求人心净化，先要求人生美化。

——朱光潜

爱是人类唯一美丽的装饰品

希望被人爱的人，首先要爱别人，同时要使自己可爱。

——〔美国〕富兰克林

婚姻的爱，使人类延续不绝；朋友的爱，使人类达到更完美的境界；淫秽的爱，则使人类败坏堕落。

——〔美国〕爱默生

没有美的爱，犹如没有饵的钓竿。

——〔美国〕爱默生

这就是你应该做的，爱土地、太阳和动物……

——〔美国〕惠特曼

爱自由就是爱别人。爱力量就是爱别人。

——〔美国〕哈兹里特

成熟的爱是保持自己的尊严和个性条件下的结合。

——〔美国〕弗洛姆

爱是人的一种主动的能力，是一种突破使人类分

离的那些屏障的能力，一种能把他和他人联合起来的
能力。

——〔美国〕弗洛姆

爱是"给予"，而不是"接受"。

——〔美国〕弗洛姆

爱是创造爱的能力，无爱不能创造爱。

——〔美国〕弗洛姆

爱是对所爱对象的生命和成长的积极关心。

——〔美国〕弗洛姆

爱本质上应是一种意志行为，用自己的生命完全
承诺另一个生命的决心。

——〔美国〕弗洛姆

没有爱是寂寞的，没有恨也是寂寞的。

——〔英国〕培　根

一切真挚的爱都建立在尊敬的基础上。

——〔英国〕莎士比亚

爱是人类唯一美丽的装饰品。

——〔英国〕莎士比亚

爱一个人，比如一支蜡烛点燃到生命的尽头。

——〔英国〕莎士比亚

爱是宜人的，恨则是令人烦恼的。

——〔英国〕亚当·斯密

憎恨是心的疯狂。

——〔英国〕拜　伦

像火光的肇端一般，爱往往是知识的开端。

——〔英国〕卡莱尔

憎恨会使人盲目。

——〔英国〕王尔德

爱得愈深，苛求得愈切，所以爱人之间不可能没有意气的争执。

——〔英国〕劳伦斯

我告诉你憎恨什么：憎恨虚伪，憎恨假仁假义，憎恨偏执、压迫与不平。

——〔英国〕罗伯逊

当我们爱别人的时候，也希望别人爱我们。

——〔法国〕卢　梭

人生是花，而爱是花的蜜。

——〔法国〕雨　果

失掉母爱最可怜，失掉妻爱最凄凉，失掉友爱最孤单。

——〔法国〕左　拉

人们常常责难爱是盲目的，然而却忘记了憎恨比它更盲目。

——〔德国〕康　德

爱是真正促使人复苏的动力。

——〔德国〕歌　德

有些人爱的是与自己相似的人，并且去寻求这种人；还有些人爱的是与自己相反的人，并且步其后尘。

——〔德国〕歌　德

爱使伟大的灵魂变得更加伟大。

——〔德国〕席　勒

到处都有欺诈、伪善、杀人、毒药、虚伪和背叛。只有一处纯洁的地方，那是毫不肮脏、蕴含着人性之爱的地方。

——〔德国〕席　勒

没有爱之光辉的人生，是没有丝毫价值的。

——〔德国〕席　勒

倘若我不先爱我自己，崇拜我自己，我怎么能去崇拜和爱那些于我有用并给我福利的东西？倘若我不爱健康，我怎么能去爱医生？倘若我不愿意满足我那个求知欲，我怎么能去爱老师？

——〔德国〕费尔巴哈

只要从爱出发，不论做了什么事情，均是超于善恶之上的。

——〔德国〕尼　采

爱的真谛就是精神的火焰。

——〔德国〕保　罗

爱是比责任感更好的老师。

——〔德国〕爱因斯坦

一种真心的爱爆发出的时候，常常激起别人羡慕。

——〔意大利〕但　丁

此心，原是为爱得很快而创造的，见着一切使他快乐的东西，他便像惊醒了一般，立刻追求上去。你的感觉力从实物抽取一种印象，激动着你的心，使你的心转向于他。转向之后……这倾心就是爱，这是心和物之间经过喜悦而发生的新联系。

——〔意大利〕但　丁

爱情、友谊和尊敬都不及对某种事物共同的憎恨那样能使人们联合起来。

——〔俄国〕契诃夫

爱，我想，比死和死的恐惧更强大。只有依靠它，依靠这种爱，生命才能维持下去，发展下去。

——〔俄国〕屠格涅夫

世界上有价值的东西只有爱而已。

——〔俄国〕列夫·托尔斯泰

爱出于天性，它是毫无条件的。

——〔俄国〕列夫·托尔斯泰

我所理解的一切，都是因为我爱他们才理解。

——〔俄国〕列夫·托尔斯泰

我是怎样一个人，你就得把我当怎样一个人看待，只有这样的爱才是我需要的。

——〔俄国〕列夫·托尔斯泰

我们能爱恨我们的人，但无法爱我们恨的人。

——〔俄国〕列夫·托尔斯泰

人类的爱则是心灵和肉体、智慧和思想、幸福和义务的结合。

——〔苏联〕苏霍姆林斯基

以恨还恨，恨永远存在；以爱还恨，恨自然消失。

——〔印度〕释迦牟尼

爱是理解的别名。

——〔印度〕泰戈尔

爱就是充实了的生命，正如盛满了酒的酒杯。

——〔印度〕泰戈尔

一减一是零。人生减爱情等于什么？土地减去水分便简直像沙漠一般。

——〔日本〕武者小路实笃

爱是世界上最宝贵的财富，得到它的人，将享乐无穷。

——〔以色列〕所罗门

爱的启示就是世界的救赎！爱是缠绕大地的一根韧带。

——〔瑞士〕裴斯泰洛齐

爱之欲其富，亲之欲其贵。

——司马迁

德无细，怨无小。

——刘　向

其施厚者其报美，其怨大者其祸深。薄施而厚望，畜怨而无患者，古今未之有也。

——刘　安

积爱成福，积怨成祸。

——刘　安

君子当有所好恶，好恶不可不明。

——韩　愈

仇无大小，只怕伤心；恩若救急，一芥千金。

——吕　坤

名誉是一个人的外貌

不论用什么方法获得名誉，如果后面没有品德来扶持，名誉终必消失。

——〔美国〕华盛顿

荣誉就像萤火虫，远看闪闪发光，近看却既没有热，也不怎么亮。

——〔美国〕韦伯斯特

通常是不想成名的人反而成名。

——〔美国〕霍姆斯

荣誉就像河流：轻浮的和空虚的荣誉浮在河面上，沉重的和厚实的荣誉沉在河底里。

——〔英国〕培　根

名声，为灵魂之宝玉。

——〔英国〕莎士比亚

无瑕的名誉是世间最纯粹的珍珠。

——〔英国〕莎士比亚

人生的过程中最纯洁的珠宝，是没有污点的名誉；失掉它，人便变成镀金的塑像。

——〔英国〕莎士比亚

虚名是一个下贱的奴隶，在每一座墓碑上说着谄媚的狂话，倒是在默默无言的一抔荒土之下，往往埋葬着忠臣义士的骸骨。

——〔英国〕莎士比亚

失去了名誉的人只是一些镀金的粪土、染色的泥块。

——〔英国〕莎士比亚

赞美若从被赞美者自己的嘴里发出，是会减低赞美的价值；从敌人嘴里吐出赞美，才是真正的光荣。

——〔英国〕莎士比亚

我若失去荣誉，便失去自我。

——〔英国〕莎士比亚

太阳从最昏暗的云隙间射出，荣誉则见之于最平凡的习惯。

——〔英国〕莎士比亚

名誉是一件无聊的骗人的东西，得到它的人未必有什么功德，失去它的人未必有什么过失。

——〔英国〕莎士比亚

品行是一个人的内在，名誉是一个人的外貌。

——〔英国〕莎士比亚

用违背天良的方法获得的名誉，无论如何比不上依理行事所获得的成就更能使你满意。

——〔英国〕莎士比亚

无论男女，名誉是他们灵魂中最珍贵的珠宝；谁偷窃了我的钱囊，等于他只偷窃到一些废物，一些空虚的幻质，只不过是从我手里转到他手里，一些曾做过千万人的奴隶的东西；可是谁若偷了我的名誉去，他并不会因此而富足，但我却从此而成为赤贫了。

——〔英国〕莎士比亚

你该将名誉作为你最高人格的标志。

——〔英国〕牛　顿

荣誉不是依仗名位得来的，一个人尽管职位很低，无钱无势，但他的名誉却可驾于千万人之上。

——〔英国〕杨　格

我不能说我不珍惜荣誉，并且我承认它很有价值，不过我却从来不曾为追求这些荣誉而工作。

——〔英国〕法拉第

世界荣誉的桂冠，都是用荆棘编织而成的。

——〔英国〕卡莱尔

群众的赞美是随风转向的。

—〔英国〕布莱特

许多人的名声如果在街上遇到自己的品德会认不出来。

—〔英国〕哈伯德

拒绝赞美的人，是要求再度被赞美。

—〔英国〕罗　素

如果荣誉召唤，无论它指向何方，荣誉之子定会追随、服从。

—〔英国〕丘吉尔

我们吹嘘别人的美好品质，多出于推崇自己的感想态度，而非是真正推崇别人的功德；即使当我们似乎在颂扬他们时，我们仍然是希望别人对我们称颂。

—〔法国〕罗休夫柯

赞美是一种聪明的、隐藏的、巧妙的谄媚，它在不同的方法中取悦了施者及受者；这方面认为它是自己功绩的报酬，那方面则用它来显示自己的公道心和鉴别力。

—〔法国〕罗休夫柯

衷心赞美一种良好的行动，无异自己也参与了那良好的行动。

—〔法国〕罗休夫柯

判断伟人的名誉应该永远以他们如何得到它来衡量。

——〔法国〕罗休夫柯

虚荣心在人们心中如此稳固，因此每个人都希望受人羡慕；即使写这句话的我和念这句话的你都不例外。

——〔法国〕帕斯卡

过分出名的名字是何等沉重的负荷呀！

——〔法国〕伏尔泰

贤人哲士是绝不追求运气的，然而他对于光荣却不能无动于衷。

——〔法国〕卢　梭

名誉是人的呼吸，有时是不卫生的。

——〔法国〕卢　梭

声誉不过是人们喁喁细语，但它往往是腐败了的气息。

——〔法国〕卢　梭

羞耻心是人的第二内衣。

——〔法国〕司汤达

黄金的枷锁是最重的。

——〔法国〕巴尔扎克

名望？那只是光荣的零头而已。

——〔法国〕雨　果

一个科学家应该考虑到后世的评论，不必考虑当时的辱骂或称赞。

——〔法国〕巴斯德

当你做成功一件事，千万不要等待着享受荣誉，应该再做那些需要的事。

——〔法国〕巴斯德

虚荣心很难说是一种恶行，然而一切恶行都围绕虚荣心而生，都不过是满足虚荣心的手段。

——〔法国〕柏格森

荣誉就像玩具，只能玩玩而已，绝不能永远守着它，否则就将一事无成。

——〔法国〕居里夫人

编织桂冠要比找到与它相称的脑袋容易得多。

——〔德国〕歌　德

虚荣是追求个人荣耀的一种欲望，并不是根据人的品质、业绩和成就，而只是根据个人的存在就想博得别人的欣赏、尊敬和仰慕的一种愿望。所以虚荣充其量不过等于一个轻浮的漂亮女人。

——〔德国〕歌　德

荣誉不能寻找，任何追求荣誉的做法都是徒

劳的。

——〔德国〕歌　德

事迹重于一切，声名不足贵。

——〔德国〕歌　德

还有比生命更重大的，就是荣誉。

——〔德国〕席　勒

使你的父亲感到荣耀的莫过于你以最大的热诚继续你的学业，并努力奋发以期成为一个诚实而杰出的男子汉。

——〔德国〕贝多芬

荣誉使我变得越来越愚蠢。当然，这种现象是很常见的，就是一个人的实际情况往往与别人认为他是怎样很不相称。比如我，每每小声咕噜一下也变成了喇叭的独奏。

——〔德国〕爱因斯坦

为卫国而捐躯者，是死者中最有名誉、最光荣的人。

——〔希腊〕亚里士多德

通向荣誉的路上，并不铺满鲜花。

——〔意大利〕但　丁

不朽之名誉，独存于德。

——〔意大利〕彼特拉克

人的美德的荣誉比他财富的荣誉不知大多少倍。古今有多少帝王公侯，可是却没有在我们记忆中留下一丝痕迹，就因为他们只想用庄园和财富留名后世。岂不见多少人在钱财上一贫如洗，在美德上却是豪富呢？

——〔意大利〕达·芬奇

年轻的姑娘，特别是你们，必须知道好名誉比任何修饰都来得宝贵，而且好名誉像春天的花朵一样，一阵风就能把它毁了。

——〔俄国〕克雷洛夫

过分的赞美，对于心智是有害的。

——〔俄国〕克雷洛夫

一个人可以因为智慧和愚蠢、高尚和卑劣、勇敢和怯懦，而同样地著称于世。

——〔俄国〕别林斯基

荣誉永远是褒奖和幸福；声名常常是惩罚和灾祸。

——〔俄国〕别林斯基

不学无术之辈不能贬低名副其实的赞美，不学无术所夸赞的，算不得是赞美。

——〔俄国〕别林斯基

过分夸奖一个人，结果就会把人毁了。

——〔苏联〕高尔基

光荣不会给予一个专门寻求它的人，然而，它却会走向一个不向往光荣但却诚恳地自我牺牲地为公共福利而劳动的人。

——〔苏联〕伊萨科夫斯基

名誉和美德是心灵的装饰，若没有它，那肉体虽然真美，也不应该认为美。

——〔西班牙〕塞万提斯

荣誉羞着我，因为我暗地里求着它。

——〔印度〕泰戈尔

鸟翼上系上了黄金，这鸟便永不能再在天上翔翔了。

——〔印度〕泰戈尔

宽恕别人的过失，就是自己的荣誉。

——〔以色列〕所罗门

虚荣的人注视着自己的名字；光荣的人注视着祖

国的事业。

　　　　　——〔古巴〕何塞·马蒂

荣誉是热情站在阳光中的影子。

　　　　　——〔黎巴嫩〕纪伯伦

仓廪实而知礼节，衣食足而知荣辱，上服度则六
亲固。

　　　　　　　　　——管　子

有不虞之誉，有求全之毁。

　　　　　　　　　——孟　子

君子耻不修，不耻见污。

　　　　　　　　　——荀　子

贱而好德者尊，贫而有义者荣。

　　　　　　　　　——贾　谊

卑而言高，能言而不能行者，君子耻之矣。

　　　　　　　　　——桓　宽

宠位不足以尊我，而卑贱不足以卑己。

　　　　　　　　　——王　符

根深而枝叶茂，行久而名誉远。

　　　　　　　　　——徐　干

苟纵心于物外，安知荣辱之所如。

——张　衡

不受虚誉，不祈妄福，不避死义。

——王　通

人一无耻，便如病者闭喉，虽有神丹，不得入腹也。

——魏　禧

人与禽兽异者，只因有羞耻，有羞耻，虽盗贼娼妓，亦可教化归正。

——魏　禧

快乐即是完美

娱乐是花，务实是根。如果要欣赏花的美丽，必须先加强根的牢固。

——〔美国〕爱默生

人们之所以寂寞，是因为他们不去修桥，反而筑墙将自己围堵起来。

——〔美国〕爱默生

不要无事讨烦恼，不作无谓的希求，不作无端的伤感，而是要奋勉自强，保持自己的个性。

——〔美国〕德莱塞

有高贵情操的人，当别人和他分享快乐时，他自己也一定觉得快乐。

——〔美国〕邓　肯

过分孤独的人，到头来都会生病。

——〔美国〕斯坦贝克

对大多数人来说，他们认定自己有多幸福就有多幸福。

——〔美国〕林　肯

有人性的东西，总免不了蕴含悲哀。幽默的最深源泉并非快乐，而是悲哀。天国并无丝毫的幽默。

——〔美国〕马克·吐温

独自承受悲哀。但是为了先享受快乐的价值，各位必须把快乐跟他人分享。

——〔美国〕马克·吐温

人们没有哭，便不会有笑。小孩一生下来便会有哭的本领，后来才学会笑。所以一个人不先了解悲哀，便不会了解快乐。

——〔英国〕培　根

最快乐的事莫过于无拘无束。

——〔英国〕培　根

感官的愚弄正是感官的一种快乐。

——〔英国〕培　根

嘲笑和戏谑是不会带着眼泪来的。

——〔英国〕莎士比亚

哭可以使深重的忧愁减轻。

——〔英国〕莎士比亚

新的火焰可以把旧的火焰扑灭，大的痛苦可以使小的痛苦减轻；当头晕目眩的时候，只要转身向后，一种绝望的忧愁，便也可以用另一种烦恼把它驱除。

——〔英国〕莎士比亚

甜里加甜不见其甜，乐中加乐才是大乐。

——〔英国〕莎士比亚

一个人思虑太多，就会失去做人的乐趣。

——〔英国〕莎士比亚

善说笑话的人，往往有先见之明。

——〔英国〕莎士比亚

静默是表示快乐的最好方法，要是我能说出我心里多么快乐，那么我的快乐只是有限的。

——〔英国〕莎士比亚

心里最好常保快乐。如此就能防止百害，延长寿命。

——〔英国〕莎士比亚

在悲伤中的人们，应该彼此心心相印。

——〔英国〕莎士比亚

愉快的生活是由愉快的思想造成的。

——〔英国〕牛　顿

使人高兴或沮丧的，与其说是事实，还不如说是比较。

　　　　　　　　——〔英国〕富　勒

光明和愉快，是两件最珍贵的东西。

　　　　　　　　——〔英国〕斯威夫特

大部分的快乐都像鲜花，一经采撷即告枯萎。

　　　　　　　　——〔英国〕杨　格

和富人一道进餐馆，不如和穷人一起去看戏，因为后者能够享受欢乐。

　　　　　　　　——〔英国〕史密斯

眼泪是一种神圣之物，不是懦弱的符号，而是力量。它较一万张嘴更雄辩，它是深忱、痛悔、极爱的传讯使者。　　——〔英国〕欧　文

眼泪是使天堂的种子在人们心田里滋长的甘雨。

　　　　　　　　——〔英国〕司各特

眼泪对灵魂有如夏天的骤雨。

　　　　　　　　——〔英国〕奥斯丁

不知何为痛苦的人也就不懂何为幸福了。

　　　　　　　　——〔英国〕拜　伦

悲伤是一块绝不会休闲的肥沃的土地。

　　　　　　　　——〔英国〕拜　伦

有时欢乐是一种罪恶，罪恶是一种欢乐。

——〔英国〕拜　伦

欢乐的回忆已不再是欢乐，而哀愁的回忆却仍然是哀愁。

——〔英国〕拜　伦

笑实在是仁爱的表现、快乐的源泉、亲近别人的桥梁。有了笑，人类的感情就沟通了。

——〔英国〕雪　莱

笑是解开全人类之谜的万能钥匙。

——〔英国〕卡莱尔

痛苦的秘密在于有闲工夫担心自己是否幸福。

——〔英国〕萧伯纳

幸福的生活，在大体上，必须是宁静的生活。因为唯有在宁静的气氛中，才能产生真正的欢乐。

——〔英国〕罗　素

只是具有一成不变的目的，也许未必能使人生幸福。但是，这种目的在许多情形下却是幸福的人生所不可或缺的条件之一。

——〔英国〕罗　素

各种不幸的原因，一部分是在社会结构中，一部分是在个人的心中。

——〔英国〕罗　素

真正使心灵满足的幸福，是使我们的各种能力尽力而为，同时使我们生存的世界充分完成，尔后才能产生。

——〔英国〕罗　素

幸福的人，是指生活得客观的人，也就是拥有自由的爱情和广泛兴趣的人。

——〔英国〕罗　素

如果你将怎样去寻找快乐的方法教导世人，这世界将会更美满，更光明。

——〔英国〕约翰生

既会花钱又会赚钱的人，是最幸福的人，因为他享受着两种快乐。

——〔英国〕约翰生

寻求快乐的人很少能真正找到快乐。我们欢乐的光明火焰，通常都是由不经意的火花点燃起来的。

——〔英国〕约翰生

利用他人的痛苦取乐的欢乐，绝不是有良心的人所能充分享乐的事。

——〔英国〕约翰生

世界上没有比快乐更能使人美丽的化妆品。

——〔英国〕布莱辛顿

美的事物是永远的快乐。

——〔英国〕济 慈

再见吧，烦恼！我想离开你，远远地离开你，但你却热爱着我，紧紧跟着我，对我永远是那么亲近。

——〔英国〕济 慈

乐观是希望的明灯，它指引着你从危险峡谷中步向坦途，使你得到新的生命、新的希望，支持着你的理想永不泯灭。

——〔英国〕达尔文

欢乐就是健康。反之，忧郁就是病魔。

——〔英国〕哈密顿

老是活在为琐事而忧虑的生活里，这种人生未免太短暂了。

——〔英国〕金斯莱

充满着欢乐与战斗精神的人们，永远带着欢乐，欢迎雷霆与阳光。

——〔英国〕赫胥黎

快乐像药方，具有治疗疾病的功效。

——〔英国〕王尔德

走运的时候，人人都会兴高采烈。但快乐却不是幸运的结果；它往往是一种德行，一种英勇的德行。

——〔英国〕斯蒂文生

做好事自然会快乐；只要你快乐，你便一定是好人。

——〔英国〕斯蒂文生

自寻烦恼者永远不会找不着烦恼的。

——〔英国〕哈伯特

游乐是我们最大的悲忧。因为它最能妨碍我们的思考，使我们在不知不觉中身败名裂。

——〔法国〕帕斯卡

如果没有自信心的话，你永远也不会有快乐。

——〔法国〕罗休夫柯

忍受孤寂或者比忍受贫困需要更大的毅力，贫困不过是降低人的身价，但是孤寂就会败坏人的性格。

——〔法国〕狄德罗

唯有细看自己的苦恼，才是慰藉自己心灵的手段。

——〔法国〕司汤达

当幸福大得不能再大时，便产生微笑和眼泪。

——〔法国〕司汤达

在各种孤独中间，人最怕精神上的孤独。

——〔法国〕巴尔扎克

世上没有不含些许辛酸的欢乐。

——〔法国〕巴尔扎克

填不满的是欲海，攻不破的是愁城。

——〔法国〕乔治桑

凡是发生过悲剧的地方，恐怖和怜悯就留在那里。

——〔法国〕雨　果

忧郁是愁苦之人的欢乐。

——〔法国〕雨　果

乐观是一首激昂优美的进行曲，时刻鼓舞着你向事业的大路勇敢前进。

——〔法国〕大仲马

烦恼与欢欣，成功与失败，仅此一念之间。

——〔法国〕大仲马

一阵爽朗的笑，犹如满室黄金一样炫人耳目。

——〔法国〕福楼拜

幸福是一个债主，借你一刻钟的欢悦，叫你付上一船的不幸。

——〔法国〕福楼拜

人们认识到欢乐，是在它们逝去的时候，而不是在它们来临时。

——〔法国〕都　德

笑有一种改正的力量，能防止我们成为怪人。

——〔法国〕贝格松

痛苦是无限的，它采取各种形式来到。

——〔法国〕罗曼·罗兰

给你所爱的人快乐，是世界上最大的幸福。

——〔法国〕罗曼·罗兰

快乐不能靠外来的物资和虚荣，而要靠自己内心的高贵和正直。

——〔法国〕罗曼·罗兰

痛苦这把犁刀一方面割破了你的信心，同时掘出了生命中新的泉水。

——〔法国〕罗曼·罗兰

不要侧耳聆听伴侣教你苦恼的美德，因为，唯有快乐才是好的。

——〔法国〕法朗士

唯有苦恼才是人生的真谛，我们最后的喜悦和安慰，不外来自追忆过去的痛苦。

——〔法国〕缪　塞

我觉得厌恶享乐和过分追求享乐同样是愚蠢的。

——〔法国〕蒙　田

永远不要离开义务和荣誉的道路，这是我们得到幸福的唯一源泉。

——〔法国〕布　封

幸福，是指适合一个人的希望以及才能的工作状态。

——〔法国〕拿破仑

一个人如果把他的热情用于提高本人的文化水平这个唯一目的，他就可能更加善良和值得尊敬。当功名心认为伟大和荣誉只在于获得新的知识而抛弃使人贪婪的不纯洁动机的时候，人们就会感到幸福。

——〔法国〕圣西门

幸福的诀窍并不在于努力得到快乐，而是在努力中发掘快乐。

——〔法国〕纪　德

因对自己缺乏理解而感觉痛苦，必须有相当的理解力不可。愚蠢的人，才会盲目自大。

——〔法国〕纪　德

痛苦与欢乐像黑暗与光明相互交替，只有知道怎样使自己适应它们，并能聪敏地逢凶化吉的人，才懂得怎样生活。

——〔德国〕斯特恩

只有使自己的心神解脱一切烦恼的妄念，才能获得精神上的真正快乐。

——〔德国〕歌　德

且体味辛苦所留下的东西，苦难过去就是甘美的到来。

——〔德国〕歌　德

既然痛苦是快乐的源泉，那又何必为痛苦而悲伤。

——〔德国〕歌　德

期望快乐本身也是一种快乐。

——〔德国〕席　勒

痛苦是短暂的，快乐是永恒的。

——〔德国〕席　勒

幸福有翅膀，我们很难把它拴住。

——〔德国〕席　勒

世界上唯一成倍地增加幸福的办法是将其分成几份。

——〔德国〕席　勒

我们这些具有无限精神的有限的人，就是为了痛苦和欢乐而生的，几乎可以说：最优秀的人物通过痛苦才得到欢乐。

——〔德国〕贝多芬

有才有德的人，过着充满烦恼的日子；无恶不作之徒，过着荒淫与逸乐的日子，这在世界上并不乏先例。由此不难意会快乐在这世界上的价值。

——〔德国〕黑格尔

生物越高等，意志现象越完全，智力越发达，烦恼痛苦也就越显著。

——〔德国〕叔本华

一切人间的享乐都是空虚的。

——〔德国〕叔本华

对付残酷的贫困，只有一个唯一的办法，那就是笑。谁要是因为穷而郁郁不乐，那就是贫困已经把他抓住，把他吞噬下去了。

——〔德国〕李卜克内西

真正的快乐，是对生活的乐观，对工作的愉快，对事业的热心。

——〔德国〕爱因斯坦

究竟烦恼得多深，大约可以决定一个人有多伟大。

——〔德国〕尼 采

满足无疑是极其舒服的痛苦。

——〔德国〕海 涅

我一直受到荆棘的刺动。但近些时来，感觉大不如以前疼痛了。因为，我认识到那些诉说疼痛难忍的人，的确是傻瓜。疼痛绝不会太大，只因容纳疼痛的心胸太狭窄了。

——〔德国〕海 涅

不应该追求一切种类的快乐，应该只追求高尚的快乐。

——〔希腊〕德谟克利特

快乐剥夺一个人对其能力的使用，这和痛苦的作用完全一样。

——〔希腊〕柏拉图

快乐是人的生活的开端和终结。

——〔希腊〕伊壁鸠鲁

如果幸福在于肉体的快感，那么就应当说，牛找到草料吃的时候，是幸福的。

——〔希腊〕赫拉克利特

只期盼少许，才能接近最高的幸福。

——〔希腊〕苏格拉底

与其当猪而享乐，毋宁做人而悲哀。

——〔希腊〕苏格拉底

假如要使某人幸福，最好不要增加那人的持有物，并减少他欲望的量。

——〔罗马〕塞涅卡

一个人的不幸程度要看自己对于不幸的信念来决定。

——〔罗马〕塞涅卡

心灵的痛苦重于肉体的痛苦。

——〔罗马〕贺拉斯

不认为自己幸福的人，永远享受不到幸福。

——〔罗马〕贺拉斯

人生愉快的心情，不仅来自突然的、出乎意外的遭遇，也来自预定的自寻的烦恼。

——〔罗马〕奥古斯丁

任何人，凡是爱好死亡的事物的，都是不幸的；一旦丧失，便会心痛欲裂。其实在丧失之前，痛苦早已存在，不过尚未觉察而已。

——〔罗马〕奥古斯丁

在失意中回忆美好的时光是最大的痛苦。

——〔意大利〕但　丁

人的智慧就是快乐的源泉。

——〔意大利〕薄伽丘

所有的快乐中，最伟大的快乐存在于对真理的沉思之中。

——〔意大利〕阿奎那

不适度的悲伤是心灵的病患，而根据生命的现时状态适度悲伤是有完好的品质和灵魂的标志。

——〔意大利〕阿奎那

人除了幸福，还需要跟它完全相等的不幸。

——〔俄国〕陀斯妥耶夫斯基

人之所以不幸，乃是人在福中不知福。

——〔俄国〕陀斯妥耶夫斯基

在这人世间，流泪未必都为了绝望，往往为了借自己所流的眼泪，感受自己的幸福。

——〔俄国〕陀斯妥耶夫斯基

幸福的斗争不论它是如何的艰难，它并不是一种痛苦，而是快乐；不是悲剧，而是喜剧。

——〔俄国〕车尔尼雪夫斯基

所谓如儿童般的纯真的生活快乐，只能是动物的快乐。

　　　　　　　　——〔俄国〕契诃夫

　　人生的快乐和幸福不在金钱，不在爱情，而在真理，即使你想得到的是一种动物式的幸福。生活反正不会听任你一边酗酒，一边幸福，它会时时刻刻猝不及防地给你打击。

　　　　　　　　——〔俄国〕契诃夫

　　纯粹的痛苦和纯粹的快乐一样都是不可能的。

　　　　　　——〔俄国〕列夫·托尔斯泰

　　为自己的幸福活着的人，低劣；为别人的意愿活着的人，渺小；为别人的幸福活着的人，高尚。

　　　　　　——〔俄国〕列夫·托尔斯泰

　　不要慨叹生活的痛苦！——慨叹是弱者。但是，却必须为做有自尊心的人，要求得到自由劳动和自由生活的权利。

　　　　　　　　——〔苏联〕高尔基

　　哀伤会减少或阻止一个人的行动力量。

　　　　　　　——〔荷兰〕斯宾诺莎

　　快乐即是完美。

　　　　　　　——〔荷兰〕斯宾诺莎

只有最坚强的人能够孤独地站立起来。

——〔挪威〕易卜生

所谓幸福的人，是指不以幸福为意的人。

——〔日本〕芥川龙之介

先天下之忧而忧，后天下之乐而乐。

——范仲淹

知足常乐，能忍自安。

——陶　觉

天下事，岂能尽如吾意，心境须恰适，尽其在我，随遇而安。

——陈宏谋

心境不能开广，俗见不能摆脱，非豪杰达观之道，亦非孝子爱身之术。

——曾国藩

知足者贫贱亦乐，不知足者富贵亦忧。

——林　逋

勇敢应该是宁静的

对待别人要能克制忍让，不可怀有仇恨。

——〔美国〕富兰克林

有条不紊：所有的物品都要井然有序，所有的事情都要按时去做。

——〔美国〕富兰克林

待人公正：不以不端的行为或者办事不诚实去伤害他人。

——〔美国〕富兰克林

心胸开阔：不要为令人不快的区区琐事而心烦意乱，悲观失望。

——〔美国〕富兰克林

良好的态度对于事业与社会的关系，正如机油对于机器一样重要。

——〔美国〕富兰克林

自尊并不是自我夸大，唯我独尊。自信也不是只信自己，固执己见，走向刚愎自用的道路上去；也不是专信别人，没有定见，走向盲从逢迎的道路上去。

——〔美国〕华盛顿

生气的时候，开口前先数到十，如果非常愤怒，先数到一百。

——〔美国〕杰弗逊

凡是有良好教养的人有一禁戒：勿发脾气。

——〔美国〕爱默生

发牢骚即使内容再高尚或具有任何的理由，也绝不会发生作用。

——〔美国〕爱默生

你应该向大自然学习，它的秘密是忍耐。

——〔美国〕爱默生

习惯是一个人的思想与行为的领导者。

——〔美国〕爱默生

好的举止是由许多小的牺牲构成的。

——〔美国〕爱默生

每当我认为自己的所作所为将有害于这个事业时，我就尽量少做；每当我认为自己的所作所为有助于这个事业时，我就尽量多做。我一旦发现错误，就努力克服；一旦发现某些新的观点是正确的，就立即采纳。

——〔美国〕林　肯

习惯就是习惯，谁也不能将其扔出窗外，只能一步一步地引下楼。

——〔美国〕马克·吐温

没有什么比他人的习惯更需要改革的了。

——〔美国〕马克·吐温

良好的性格贵于黄金；前者是自然的天赋，后者是命运的赐予。

——〔美国〕爱迪生

名誉是你获得的东西，性格是你付出的东西；若你了解这个道理，你便是已经开始生活了。

——〔美国〕泰　罗

有一种东西比才能更罕见、更优美、更珍奇，那就是知人之明。

——〔美国〕巴　顿

无论你怎样地表示愤怒，都不要做出任何无法挽回的事来。

——〔英国〕培　根

人们大半是依据他的意向而思想，依据他的学问与见识而谈话，而其行为却是依据他们的习惯。

——〔英国〕培　根

任何本领都没有比良好的品格与态度更易受人欢迎，更易谋得高尚的职位。

——〔英国〕培　根

严厉生畏，但是粗暴生恨，即使在公事上的谴责，也应当庄重而不应当侮辱嘲弄。

——〔英国〕培　根

为失策找理由，这更是一大失策。

——〔英国〕莎士比亚

为一件过失辩解，往往使这过失显得格外重大，正像用布块缝一处小小的破孔，反而欲盖弥彰一样。

——〔英国〕莎士比亚

不要想到什么就说什么，凡事必须三思而后行。

——〔英国〕莎士比亚

知错就改，永远是不嫌迟的。

——〔英国〕莎士比亚

一个发怒的人，总是疏于自卫的。

——〔英国〕莎士比亚

把"宽恕"说了两次，并不是把宽恕分而为二，而只会格外加强宽恕的力量。

——〔英国〕莎士比亚

习惯若不是最好的仆人，它便是最坏的主人。

——〔英国〕莎士比亚

不良的习惯会随时阻碍你走向成名、获利和享乐的路上去。

——〔英国〕莎士比亚

我赚来什么吃什么，赚来什么穿什么，不怀恨他人，不妒忌别人的幸福，喜见别人的善行，自己受害亦无怨。

——〔英国〕莎士比亚

假使我们将自己比作泥土，那就真要成为给人踏践的东西了。

——〔英国〕莎士比亚

没有自尊心，即近于自卑。

——〔英国〕莎士比亚

隐蔽的习性是一种阻碍和懦弱的行为。

——〔英国〕莎士比亚

拖延是最足以误人的习惯。

——〔英国〕弥尔顿

做导师的人自己便应有良好的教养，随人、随时、随地都有适当的举止和礼貌。

——〔英国〕洛　克

在缺乏教养的人身上，勇敢就会成为粗暴，学识就会成为迂腐，机智就会成为逗趣，质朴就会成为粗鲁，温厚就会成为谄媚。

——〔英国〕洛　克

暴躁易怒，只不过愚昧怯懦而已。

——〔英国〕斯威夫特

仁慈而和善的性情，是所有各种脾性中最可爱的一种，虽然它很少获得荣耀，却有最崇高的价值。

——〔英国〕菲尔丁

发牢骚的人所能获得的并非同情，而只是轻蔑。

——〔英国〕约翰生

在你的心田种植忍耐吧！虽然它的根是苦的，但果实是甜的。

——〔英国〕奥斯丁

对人性认识浅薄，不改造性情而改变其他一切以求快乐的人，不但将虚度一生毫无收获，而且往往会增加他本来所要消除的苦恼。

——〔英国〕科尔顿

真有血气的人，既不曲意求人重视，又不能忍受忽视。

——〔英国〕拜　伦

最大的过失，便是有错不知错。

——〔英国〕卡莱尔

言行适度，凡事想到别人，是君子的两大特色。

——〔英国〕迪斯累里

人要是发脾气就等于在人类进步的阶梯上倒退了一步。

——〔英国〕达尔文

自我控制是最强者的本能。

——〔英国〕萧伯纳

一个人感到害羞的事情越多越值得尊敬。

——〔英国〕萧伯纳

你如果想要快乐，就该把忍耐带到你家里去。

——〔英国〕王尔德

个性的形成决定在两件事上：精神状态及我们花费时间的方法。

——〔英国〕哈伯特

自信心与自尊心是相辅相成的，没有自尊心的人，绝不会有自信心。

　　　　　　——〔英国〕毛　姆

　　自尊心是一种美德，是促使一个人不断向上发展的原动力。

　　　　　　——〔英国〕毛　姆

　　德行的工具是节制和适度，不是实力。

　　　　　　——〔法国〕蒙　田

　　放纵是感官的祸患，节制不是它的惩罚，而是它的调料。

　　　　　　——〔法国〕蒙　田

　　对于贤达之人来说，约束和节制他的爱好就足够了，因为取消这种爱好并不是他的事情。

　　　　　　——〔法国〕蒙　田

　　温和是胜过暴力的。

　　　　　　——〔法国〕拉·封丹

　　爱挑剔的人总是得不到满足的，永远也不会幸福。

　　　　　　——〔法国〕拉·封丹

　　一个人应养成信赖自己的习惯，即使在最危急的时候，也要相信自己的勇敢与毅力。

　　　　　　——〔法国〕拿破仑

取笑会使一个人的心干枯，伤害所有的情感。

——〔法国〕巴尔扎克

谁自重，谁就会得到尊重。

——〔法国〕巴尔扎克

忍耐是支持工作的一种资本。

——〔法国〕巴尔扎克

怒气及时地爆发，可以推卸自己的责任，有时可把责任转嫁到别人的身上去。

——〔法国〕雨　果

小人因受批评而动怒，智者因受指责而得益。

——〔法国〕雨　果

人的面孔常常反映他的内心世界，以为思想没有色彩，那是错误的。

——〔法国〕雨　果

我们的勇敢应该是宁静的。

——〔法国〕雨　果

发一次怒对于身体的损害，比发一次热还要厉害。

——〔法国〕大仲马

暴怒能使小过变成大祸，有理变为无理。

——〔法国〕乔治桑

与其说为了爱别人而行善，不如说是为了尊重自己。

——〔法国〕福楼拜

好脾气是一个人在社交中所能穿着的最佳服饰。

——〔法国〕都　德

不知谦恭与和睦的人，不但会受许多物质上的损失，而且将因此失去一切生活上的情趣。

——〔法国〕莫泊桑

虚荣、浮华、卑鄙、狭隘的毛病……是极普遍的，人们常发现自己有这些病，也常发现别人有这些病，所以人们虽然仰望比较完善的标准，却从来不苛责这些缺点。

——〔法国〕居里夫人

一忍以挡百勇；一静以制百动。

——〔法国〕塞　尚

各人都有各人的癖好，而且还无法克服，可是许多人都因之被毁掉，尽管是些最无害的癖好。

——〔德国〕歌　德

急躁没有用，后悔更没用；急躁增加罪过，后悔给你新罪过。

——〔德国〕歌　德

对别人述说自己，这是一种天性；认真对待别人向你叙述他自己的事，这是一种教养。

——〔德国〕歌　德

我从没有向人报仇的举动，当我迫不得已而要和别人为敌时，我所做的最多不过是一些保护自己或防备他们进一步为恶的必要措施。

——〔德国〕贝多芬

我宁肯忘掉别人亏欠自己的，而不愿意忘掉自己亏欠别人的。

——〔德国〕贝多芬

除了善良性之外，我并不承认优越性的证据。

——〔德国〕贝多芬

习惯——这是德行的秘密。

——〔德国〕费尔巴哈

要尊重前人的遗言，也要一片真诚地对待新事物。

——〔德国〕舒　曼

自暴自弃，这是一条永远腐蚀和啃噬着心灵的毒蛇，它吸走心灵的新鲜的血液，并在其中注入厌世和绝望的毒汁。

——〔德国〕马克思

不管时代的潮流和社会的风尚怎样，人总可以凭着自己高贵的品质，超脱时代和社会，走自己正确的道路。

——〔德国〕爱因斯坦

在斗争中，最重要的准则是：道德修养和思想基础。没有它们就不能上进，不可能朝着好的方面前进，这是一条铁的规律。

——〔德国〕台尔曼

掩饰一个缺点，结果会暴露另一个缺点。

——〔希腊〕伊　索

责备人的人要正直地生活，正直地走，再以同样的话去教导人。

——〔希腊〕伊　索

不论是别人在跟前或者自己单独的时候都不要做一点卑劣的事情；最要紧的是自尊。

——〔希腊〕毕达哥拉斯

思而后行，以免做出蠢事。因为草率的动作和言语，均是卑劣的特征。

——〔希腊〕毕达哥拉斯

愤怒从愚蠢开始，以后悔告终。

——〔希腊〕毕达哥拉斯

教养是有教养的人的第二个太阳。

——〔希腊〕赫拉克利特

想左右天下的人，需先能左右自己。

——〔希腊〕苏格拉底

知足是天赋的财富，奢侈是人为的贫穷。

——〔希腊〕苏格拉底

一个人能否有成就，只看他是否具备自尊心与自信心两个条件。

——〔希腊〕苏格拉底

在你发怒的时候，要紧闭你的嘴，免得增加你的怒气。

——〔希腊〕苏格拉底

节制使快乐增加并使享受加强。

——〔希腊〕德谟克利特

要留心，即使当你独自一个人时，也不要说坏话或做坏事，而要学得在你自己面前比在别人面前更知耻。

——〔希腊〕德谟克利特

拖延时间是压制恼怒的最好方式。

——〔希腊〕柏拉图

把恶劣的习惯由我们驱逐出去，犹如驱逐长时间使我们受重大损失的同伴一样。

——〔希腊〕伊壁鸠鲁

能约束自己的人，最有威信。

——〔罗马〕塞涅卡

有谦和、愉快、诚恳的态度，而同时又加上忍耐精神的人，是非常幸运的。

——〔罗马〕塞涅卡

不会用理智的人，是只会意气用事的。

——〔罗马〕西塞罗

夸夸其谈是软弱的首要标志，而那些能够做出大事的人往往是守口如瓶的。

——〔罗马〕西塞罗

谨慎的行动要比合理的言论更重要。

——〔罗马〕西塞罗

修养之于心地，其重要犹如食物之于身体。

——〔罗马〕西塞罗

克己是最大的胜利。

——〔罗马〕西塞罗

愤怒是短暂的疯狂。

——〔罗马〕贺拉斯

你可能想用铁叉将自己的本性赶出去，但它仍然是要很快就回来的。

——〔罗马〕贺拉斯

搬不动的重东西经过忍耐可以变轻。

——〔罗马〕贺拉斯

习惯不加以抑制，不久它就会变成你生活上的必需品了。

——〔罗马〕奥古斯丁

他如果一向说话可靠，一次说谎话别人也会原谅；他如果一向喜欢捏造，说了真话也被人认作撒谎。

——〔波斯〕萨　迪

好人如果受到恶人的攻击，不必沮丧，也不必在意；石头虽能撞碎一只金杯，金杯仍有价值，石头仍是低微。

——〔波斯〕萨　迪

除非你的话能给人安慰，否则最好保持沉默。

——〔波斯〕萨　迪

容易发怒，是品格上最为显著的弱点。

——〔意大利〕但　丁

应当耐心听取他人的意见，认真考虑指责你的人是否有理。如果他有理，你就修正自己的错误，如果他理亏，只当没听见。若他是一个你所敬重的人，那么可以通过讨论，提出他不正确的地方。

——〔意大利〕达·芬奇

没有宽宏大量的心肠，便算不上真正的英雄。

——〔俄国〕普希金

在开口之前，先把舌头在嘴里转十个圈。

——〔俄国〕屠格涅夫

自己脑子里只装满着自己，这种人正是那种最空虚的人。

——〔俄国〕莱蒙托夫

对人不尊敬的人，首先就是对自己不尊重。

——〔俄国〕陀斯妥耶夫斯基

要使人成为真正有教养的人，必须具备三个品质：渊博的知识、思维的习惯和高尚的情操。知识不多就是愚昧；不习惯于思维，就是粗鲁或蠢笨；没有高尚的情操，就是卑俗。

——〔俄国〕车尔尼雪夫斯基

心灵纯洁的人，生活充满甜蜜和喜悦。

——〔俄国〕列夫·托尔斯泰

越是有教养，就越是不幸。

　　　　　——〔俄国〕契诃夫

人应该支配习惯，而绝不能让习惯支配人，一个人不能去掉他的坏习惯，那简直一文不值。

　　　　　——〔苏联〕奥斯特洛夫斯基

批评，这是正常的血液循环，没有它就不免有停滞和生病的现象。

　　　　　——〔苏联〕奥斯特洛夫斯基

利己的人最先死亡。

　　　　　——〔苏联〕奥斯特洛夫斯基

只有尊敬别人的人，才有权受人尊敬。

　　　　　——〔苏联〕苏霍姆林斯基

礼貌周全不花钱，却比什么都值钱。

　　　　　——〔西班牙〕塞万提斯

忠言必须照单全收，事后才慎加选择——切莫当面拒绝，更不能当场许下诺言。

　　　　　——〔日本〕佐藤一斋

那不轻易发怒的人，比那有力量的人更好；那统辖精神的人，比那取得一城的人更好。

　　　　　——〔以色列〕所罗门

清白的良心是一个温柔的枕头。

——〔丹麦〕安徒生

不尊重别人的自尊心，就好像一颗经不住阳光的宝石。

——〔瑞典〕诺贝尔

青年人应当不伤人，应当把各人所得的给予各人，应当避免虚伪与欺骗，应当显得恳挚悦人。

——〔捷克〕夸美纽斯

我们必须每天改正自己的缺点，提高自己的能力。能力可以达到百分之五十或者百分之八十，如果有自我批评精神，听取内行人的劝告，就能够达到百分之九十或者更多。

——〔保加利亚〕季米特洛夫

己所不欲，勿施于人。

——孔　子

其身正，不令而行；其身不正，虽令不从。

——孔　子

非礼勿视；非礼勿听；非礼勿言；非礼勿动。

——孔　子

车无辕而不行，人无信则不立。

——孟　子

贫贱不能移，富贵不能淫，威武不能屈。

——孟　子

劳苦之事则争先，饶乐之事则能让。

——荀　子

知足者不可以势利诱也。

——刘　安

衡之于左右，无私轻重，故可以为平。绳之于内外，无私曲直，故可以为正。

——刘　安

兰生幽谷，不为莫服而不芳……君子行义，不为莫知而止休。

——刘　安

怨人不如自怨，求诸人不如求诸己。

——刘　安

圣人之于善也，无小而不举；其于过也，无微而不改。

——刘　安

反听之谓聪，内视之谓明，自胜之谓强。

——司马迁

亡德而富贵，谓之不幸。

——班　固

怒不变容，喜不失节，是最为难。

——陈　寿

君侯不以富贵而骄之，寒贱而忽之。

——李　白

自修则人不得以非理相加。

——朱　熹

能知足者天下不能贫，能无求者天下不能贱。

——魏　禧

片刻不能忍，烦恼日月增。

——史　弼

人能常知此身之贵，常念此身之重，则自能不淫
于色。

——陆世仪

能容小人，是大人；能处薄德，是厚德。

——史搢臣

有过是一过，不肯认过，又是一过。

——吕　坤

修身以不护短为第一长进。

——吕　坤

耐贫贱，不作酸语；耐炎凉，不作激语；耐是

非，不作辩语；耐烦恼，不作苦语。

——丁福保

与其有求于人，不若无欲于己；与其令人可贱，不若以贱自安。

——丁福保

以财为草，以身为宝。

——刘　向

改造自己，总比禁止别人来得难。

——鲁　迅

诚实是最好的政策

虚伪及欺诈是一切罪恶之母。

——〔美国〕爱迪生

诚实和勤勉应该成为你永久的伴侣。

——〔美国〕富兰克林

忠诚老实：不要说有害于人的谎话，要表里一致。

——〔美国〕富兰克林

诚实是最好的政策。

——〔美国〕富兰克林

纯洁的良心比任何东西都可贵。

——〔美国〕霍　桑

一个谎言要用另外的谎言加以弥补，否则它会漏洞百出。

——〔美国〕爱默生

人只有在独处时最诚实；在他人面前都是虚伪粉

饰的。

————〔美国〕爱默生

你能在所有的时候欺瞒某些人，也能在某些时候欺瞒所有的人，但你不能在所有的时候欺瞒所有的人。

————〔美国〕林　肯

坦白是诚实与勇敢的产物。

————〔美国〕马克·吐温

人若能摒弃虚伪，则会获得极大的心灵平静。

————〔美国〕马克·吐温

诚实是人生的命脉，是一切价值的根基。

————〔美国〕德莱塞

守信用胜过有名气。

————〔美国〕罗斯福

狡猾是一种阴险邪恶的聪明。

————〔英国〕培　根

在我们生命的网上，不能隐匿着虚伪，否则，便在每根纵横的线上，都永远留下腐烂的痕迹。

————〔英国〕培　根

恭维过分等于出卖自己的人格。

————〔英国〕培　根

闪光的东西，并不都是金子；动听的语言，并不都是好话。

——〔英国〕莎士比亚

诚实人的话，往往会一时被认为虚伪；虚伪者的眼泪却容易博得众人同情。

——〔英国〕莎士比亚

没有一种遗产能像诚实那样丰富了。

——〔英国〕莎士比亚

坦白与虚心能帮助你成就伟大的事业。

——〔英国〕莎士比亚

没有任何事物需要谎言；最需要谎言的一个错误可能会因此而发展成为两个错误。

——〔英国〕哈伯特

失掉信用的人，在这个世界上已经死了。

——〔英国〕哈伯特

虚伪鼓动我们把自己的罪恶用美德的外衣掩盖起来，企图避免别人的责难。

——〔英国〕菲尔丁

任何导致荒谬的观点，必定是虚假的；但不能因此断定，一个具有某种危险后果的观点，也是虚假的。

——〔英国〕休　谟

虚荣是伪善的产物。

——〔英国〕卡莱尔

坦率是批评最灿烂的宝石。

——〔英国〕迪斯累里

时光虽可贵，真实价更高。

——〔英国〕迪斯累里

具有一半真实的谎言，是最邪恶而污秽的谎言，因为完全的谎言可能终被揭穿而露出了真面目，但掺有一些实话的谎言就很难被人击败了。

——〔英国〕丁尼生

最大的说谎者是能使最少的谎话维持时间最长的人。

——〔英国〕勃朗特

最残酷的谎言常常是在沉默中说出来的。

——〔英国〕史蒂文生

对于说谎者的惩罚绝不在于没有人相信他，而在于他不再能相信任何人。

——〔英国〕萧伯纳

一颗诚实心灵的唯一缺憾是轻信。

——〔英国〕毛　姆

粗俗之真话，胜于文饰的谎言。

——〔法国〕蒙　田

如果虚伪也像诚实一样只有一个面孔，我们就可以方便很多，因为那样我们可以从谎言的反面得到诚实，然而诚实的反面却往往有着千百个面孔，而且它的范围是广阔无垠的。

——〔法国〕蒙　田

最真实的欺骗方法，是认为自己比别人聪明。

——〔法国〕罗休夫柯

阿谀是一种伪币，它只有通过我们的虚荣心才得以流通。

——〔法国〕罗休夫柯

只有真才美，只有真才可爱……虚伪永远无聊乏味，令人生厌。

——〔法国〕布瓦洛

虚假的事错综复杂，实际只有一种形态。

——〔法国〕卢　梭

我相信如果谎话可以用于一时，从长远看来它必然是有害的；反之，真话从长远看来必然是有用的，尽管暂时也会发生害处。

——〔法国〕狄德罗

能够讨每个人喜欢的人是不能令人喜欢的。

——〔法国〕巴尔扎克

谄媚从来不会出自伟大的心灵，而是小人的伎俩，他们卑躬屈膝，把自己尽量地缩小，以便钻进他们趋附的人物的生活核心。

——〔法国〕巴尔扎克

客套话有如隔着面纱接吻。

——〔法国〕雨　果

当信用消失的时候，肉体就没有生命了。

——〔法国〕大仲马

诚实是灵魂的面孔，虚伪是假面具。

——〔法国〕罗曼·罗兰

与其用假的面貌来骗取尊敬，不如以真面貌被人所厌恶反而感到舒畅。

——〔法国〕纪　德

谎言就像雪团，它会越滚越大。

——〔德国〕马丁·路德

诚实比一切智谋更好，而且它是智谋的基本条件。

——〔德国〕康　德

对说谎和伪装的憎恨，有的是出于一种敏感的敬意；有的是出于怯懦，因为说谎是神圣的诚命所禁止的。太怯懦而不敢说谎……

——〔德国〕尼　采

无有优于诚实之智慧。

——〔德国〕费希特

生命不可能从谎言中开出灿烂的鲜花。

——〔德国〕海　涅

说谎话的人所得到的，就只是即使说了真话也没有人相信。

——〔希腊〕伊　索

没有诚实何来尊严？

——〔罗马〕西塞罗

讲假话就像用刀伤人，尽管伤可以治愈，但伤疤将永远不会消失。

——〔波斯〕萨　迪

宁可因为真话负罪，不可靠假话开脱。

——〔波斯〕萨　迪

关于阿谀拍马的卑鄙和恶劣，不知告诫过我们多少遍了，然而总是没有用处；拍马屁的人总会在我们的心里找到空子。

——〔俄国〕克雷洛夫

一切真正和伟大的东西，都是淳朴而谦逊的。

——〔俄国〕别林斯基

这是怎样伟大的真理啊：当一个人致力于谎言的时候，连才能也遗弃了他。

——〔俄国〕别林斯基

不知道并不可怕和有害。任何人都不可能对什么都知道，可怕的和有害的是不知道而假装知道。

——〔俄国〕列夫·托尔斯泰

不要说谎，不要害怕真理。

——〔俄国〕列夫·托尔斯泰

蚜虫吃青草，锈吃铁，虚伪吃灵魂。

——〔俄国〕契诃夫

诚实人的话像他的抵押物一样可靠。

——〔西班牙〕塞万提斯

诚实的人从来讨厌虚伪，而虚伪的人却常常以诚实的面目出现。

——〔荷兰〕斯宾诺莎

不要做任何你想隐瞒的事。因为存心隐瞒任何事就是说你有所恐惧。

——〔印度〕尼赫鲁

虚伪永远不能凭借它生长在权力中而变成真实。

——〔印度〕泰戈尔

没有一个假冒善的人是能够守信的。

——〔瑞士〕裴斯泰洛齐

撒谎是万恶之首。

——〔瑞典〕诺贝尔

谦逊是最高的真正功夫

骄傲者憎恨他人骄傲。

——〔美国〕富兰克林

最难抑制的情感是骄傲，尽管你设法掩饰，竭力与之斗争，它仍然存在。即使我敢相信已将它完全克服，我很可能又因自己的谦逊而感到骄傲。

——〔美国〕富兰克林

缺少谦虚就是缺少见识。

——〔美国〕富兰克林

虚荣是骄傲的食物，轻蔑是它的饮料。

——〔美国〕富兰克林

没有任何一种动物比蚂蚁更勤奋，然而它却最沉默寡言。

——〔美国〕富兰克林

对于骄傲成性的人，世界有如一只破钟，只有不和谐的噪音，不能产生悠扬的音乐。

——〔美国〕杰弗逊

对骄傲的人不要谦逊，对谦逊的人不要骄傲。

——〔美国〕杰弗逊

美德是节俭的，但有些恶行也是节俭的。在自卑的身边，我发现，骄傲是一个相当好的伴侣。

——〔美国〕爱默生

一个人越少想到或知道自己的美德，越会被人尊敬与喜爱。

——〔美国〕爱默生

骄傲足以毁灭天使。

——〔美国〕爱默生

谦虚不仅是一种装饰品，也是美德的护卫。

——〔美国〕爱迪生

傲慢的人不会成长，因为，他不会喜欢严重的忠告。

——〔美国〕卡耐基

有一种东西，比才能更罕见、更优美、更珍奇，那是自知之明。

——〔美国〕巴　顿

好炫耀的人是明哲之士所轻视的，愚蠢之人所艳羡的，谄佞之徒所奉承的，同时他们也是自己所夸耀的言语的奴隶。

——〔英国〕培　根

凡过于把幸运之事归功于自己的聪明和智谋的人，多半是结局很不幸的。

——〔英国〕培　根

你愈是少说你的伟大，我将愈想到你的伟大。

——〔英国〕培　根

谦逊，是那偏僻山崖中的泉眼，所有的崇高美德都是由此潺潺流出的。

——〔英国〕莫　尔

成功的第一个条件是真正的虚心，对自己的一切敝帚自珍的成见，只要看出同真理冲突，都愿意放弃。

——〔英国〕斯宾塞

严厉最多使人畏惧，骄傲则会使人怀恨。

——〔英国〕莎士比亚

要一个骄傲的人看清他自己的嘴脸，只有用别人的骄傲给他做镜子；倘若向他卑躬屈膝，不过添长了他的气焰，徒然自取其辱。

——〔英国〕莎士比亚

谦逊是最高贵的克己功夫。

——〔英国〕莎士比亚

一个骄傲的人，结果总是在骄傲里毁灭了自己。

——〔英国〕莎士比亚

谦虚对于优点犹如图画中的阴影，会使之更加有力，更加突出。

——〔英国〕牛　顿

骄傲是人类的原始罪恶。

——〔英国〕斯威夫特

显而易见，骄傲与谦卑恰恰是相反的，可是它们有同一个对象。这个对象就是自我。

——〔英国〕休　谟

当自我不被考虑到时，便没有骄傲或谦卑的余地。

——〔英国〕休　谟

谦虚是对不完善或有缺点的默认。

——〔英国〕伯　克

很少有人因众人称赞过多而死，而是带着不加掩饰的对它的追求而死，也就是死于那种永远离不开我们的对称赞的渴望。

——〔英国〕鲍斯威尔

自高自大可以使一个人膨胀起来，但永远也不能支撑住他。

——〔英国〕罗斯金

骄傲的人，往往用骄傲来掩饰自己的卑怯。

——〔英国〕哈　代

善良和谦虚是永远不应令人厌恶的两种品德。

——〔英国〕斯蒂文生

自高自大的人看到的不是自己存在于这个世界上，而是世界围绕着他们自己存在。

——〔英国〕塞缪尔

骄傲自满是早熟儿童的大敌。骄傲，多么天才的儿童也要被毁掉。

——〔英国〕穆　勒

洞察与辨识具有一种占卜的性质，它较诸内心其他任何气质更能取悦我们的自傲心理。

——〔法国〕罗休夫柯

真正有德行的人是从不自吹的。

——〔法国〕罗休夫柯

真正的学者就像田野上的麦穗。麦穗空瘪的时候，它总是长得很挺，高傲地昂着头；麦穗饱满而成熟的时候，它总是表现得温顺的样子，低垂着脑袋。

——〔法国〕蒙　田

骄傲可以压倒一切可悲。人要么是隐蔽自己的可悲；要么是假若他揭示了自己的可悲，他便认识了可悲而光荣化了的自己。骄傲压倒了并扫除了一切可悲。这是一个出奇的怪物，也是一种显而易见的偏差。

——〔法国〕帕斯卡

固然我有某些优点，而我自己最重视的优点，却是我的谦虚。

——〔法国〕孟德斯鸠

有些人的虚荣心比为了保全生命所必需的分量更多。对丁这种人，虚荣心所起的作用是何等恶劣！这些人竭力使别人不愉快，想借此引起别人钦佩。他们设法要出人头地，结果反而更不如人。

——〔法国〕孟德斯鸠

过分的谦虚，是对于自然的一种忘恩负义，相反的，一种诚挚的自负却正象征着一个美好伟大的心灵。

——〔法国〕拉美特利

妄自骄傲是我们一块巨大的痛苦的根源，所以对人间的苦难一加沉思，睿智的人就会变得很有节制。

——〔法国〕卢　梭

最有学问和最有见识的人总是很谨慎的。

——〔法国〕卢　梭

伟大的人是绝不会滥用他们的优点的，他们看出他们超过别人的地方，并且意识到这一点，然而绝不会因此就不谦虚。他们的过人之处愈多，他们愈认识他们的不足。

——〔法国〕卢　梭

一个头脑正常的人是不会自满的。

——〔法国〕圣西门

自满、自高自大和轻信是人生的三大暗礁。

——〔法国〕巴尔扎克

骄傲的人很少知恩，因为他永远不会认为自己已得到他所应得的一切。

——〔法国〕巴尔扎克

自夸聪明的人，有如囚犯夸耀其囚室宽敞。

——〔法国〕西　蒙

我们的骄傲多半是基于我们的无知！

——〔德国〕莱　辛

感到自己渺小的时候，才是巨大收获的开头。

——〔德国〕歌　德

妄自尊大和妄自菲薄都是严重的错误。

——〔德国〕歌　德

如果一个人不过高地估计自己，他就会比他自己所估计的要高得多。

——〔德国〕歌　德

在我的漫长的一生中，我确实做了很多工作，获得了我可以自豪的成熟。但是说句老实话，我有什么真正要归功于我自己的呢？我只不过有一种能力和志愿，去看、去听、去区分和选择，用自己的心智灌注生命于所见所闻，然后以适当的技巧把它再现出来，如此而已。我不把我的作品全归功于自己的智慧，而应当归功于我以外向我提供素材的成千成万的事情和人物。

——〔德国〕歌　德

真正的艺术家没有骄傲，他知道艺术的领域无限而闷闷不乐，他忧郁地觉得他距离目标是多么远；或许他被别人羡慕，然而他悲伤自己还没达到杰出的天才们所到达的境地。

——〔德国〕贝多芬

自卑往往伴随着怠惰，往往是为了替自己在其有限目的的俗恶气氛中苟活下去做辩解。这样一种谦逊是一文不值的。

——〔德国〕黑格尔

有中等才能的人谦逊是忠实，但若有大才大智的人谦逊，那就是虚伪了。

——〔德国〕叔本华

免去一切乞丐式的谦虚，因为我相信自己对科学的伟大事业还能做出小小的贡献。

——〔德国〕狄慈根

一个人的真正伟大之处就在于他能够认识到自己的渺小。

——〔德国〕保　罗

虫被踩后蜷缩起来，这是明智的，它借此减少了重新被踩的几率。用道德的语言说就叫：谦恭。

——〔德国〕尼　采

用一个大圆圈代表我所学到的知识，但是圆圈之外是那么多的空白，对我来说就意味着无知。由此可见，我感到不懂的地方还大得很呢。

——〔德国〕爱因斯坦

　　凡是对人类生活的提高最有贡献的人，应当是最受爱戴的人，这在原则上是对的。但是如果要求别人承认自己比同伴或者同学更高更强，或者更有才智，那就容易在心理上产生唯我独尊的态度，这无论对个人对社会都是有害的。

——〔德国〕爱因斯坦

　　谦逊是藏于土中甜美的根，所有崇高的美德由此发芽滋长。

——〔希腊〕苏格拉底

　　我比别人知道得多的，不过是我知道自己的无知。

——〔希腊〕苏格拉底

　　不知道白己的无知，乃是双倍的无知。

——〔希腊〕柏拉图

　　对上级谦恭是本分；对平辈谦逊是和善；对下级谦逊是高贵；对所有的人谦逊是安全。

——〔希腊〕亚里士多德

　　因其需要骄傲而感到骄傲的骄傲是最不能容忍的骄傲。

——〔希腊〕奥勒留

口袋里装着一瓶麝香的人，不会到十字街头去叫嚷让所有的人都知道，因为他身后飘出的香味已说明了一切。

——〔波斯〕萨　迪

无知的人最好沉默，他若知道这一点，便不算无知。

——〔波斯〕萨　迪

骄傲、嫉妒、贪婪是三个火星，它们使人心爆炸。

——〔意大利〕但　丁

微少的知识使人骄傲，丰富的知识则使人谦逊。

——〔意大利〕达·芬奇

蠢材妄自尊大，他自鸣得意的正好是受人讥笑奚落的短处，而且往往把应该引为奇耻大辱的事大吹大擂。

——〔俄国〕克雷洛夫

事情还没有做成就吹牛夸口，的确糟糕透顶。

——〔俄国〕克雷洛夫

一个人就好像是一个分数，他的实际才能好比分子，他对自己的估价好比分母。分母愈大，则分数的值愈小。

　　　　　　　——〔俄国〕列夫·托尔斯泰

切忌浮夸铺张，与其说得过分，不如说得不全。

　　　　　　　——〔俄国〕列夫·托尔斯泰

一切真正的和伟大的东西，都是淳朴而谦逊的。

　　　　　　　——〔俄国〕别林斯基

只有坚强的人才谦虚。

　　　　　　　——〔俄国〕赫尔岑

只有正视自己的无知，才能扩大自己的知识。

　　　　　　　——〔俄国〕乌申斯基

　　要谦虚。你们在任何时候也不要以为自己什么都知道。不管别人怎样器重你们，你们总要有勇气对自己说："我没有学识。"

　　　　　　　——〔俄国〕巴甫洛夫

　　绝不要陷于骄傲。因为一骄傲，你就会拒绝别人的忠告和友谊的帮助；因为一骄傲，你就会在应该同意的场合固执起来；因为一骄傲，你就会丧失客观方面的准绳。

　　　　　　　——〔俄国〕巴甫洛夫

　　谦虚的学生珍视真理，不关心对自己个人的颂扬；不谦虚的学生首先想到的是炫耀个人得到的赞誉，对真理漠不关心。

——〔俄国〕普列汉诺夫

思想史上载明，谦虚几乎总是和学生的才能成正比例，不谦虚则成反比。

——〔俄国〕普列汉诺夫

对自己不满足，是任何真正有天才的人的根本特征。

——〔俄国〕契诃夫

人应当谦虚，不要让自己的名字像水塘上的气泡那样一闪就过去了。

——〔俄国〕契诃夫

真正的天才是常常隐藏在群众里面，绝不挤向人前去露脸的。

——〔俄国〕契诃夫

智慧是宝石，如果用谦虚镶边，就会更加灿烂夺目。

——〔苏联〕高尔基

美丽只有同谦虚结合在一起，才配称为美丽。没有谦虚的美丽，不是美丽，顶多只能是好看。

——〔西班牙〕塞万提斯

谦逊是难在诗人中发现的一种美德，因为每一个诗人都认为他自己是世界上最伟大的人物。

——〔西班牙〕塞万提斯

蜜蜂从花中啜蜜，离开时营营道谢。浮夸的蝴蝶却相信花是应该向它道谢的。

——〔印度〕泰戈尔

当我们大为谦卑的时候，便是我们最近于伟大的时候。

——〔印度〕泰戈尔

埋在地下的树根使树枝产生果实，却并不要求什么报酬。

——〔印度〕泰戈尔

自卑虽然是骄傲的反面，但是一个自卑的人却是最接近骄傲的人。

——〔荷兰〕斯宾诺莎

最大的骄傲与最大的自卑都表明心灵的最软弱无力。

——〔荷兰〕斯宾诺莎

骄傲的人必然嫉妒，他对于那些最以德行被人称赞的人便最怀忌恨。

——〔荷兰〕斯宾诺莎

骄傲的人喜欢见依附他的人或谄媚他的人，而厌恶高尚的人……而结果这些人愚弄他，迎合他那软弱的心灵，把他由一个愚人弄成一个狂人。

——〔荷兰〕斯宾诺莎

自负对人和艺术是一种毁灭，骄傲是可怕的不幸。

——〔保加利亚〕季米特洛夫

祸生于得意。

——刘　向

气忌盛，心忌满，才忌露。

——吕　坤

时间就是一切

如果有什么需要明天做的事，最好现在就开始。

——〔美国〕富兰克林

今日能做的事，勿延至明日。

——〔美国〕富兰克林

今天乃是我们唯一可以生存的时间。我们不要庸人自扰——或为未来而漫无目的地苦闷或为昨天的过去而伤怀——而使它成了我们身体上和精神上的地狱。

——〔美国〕富兰克林

珍惜一切时间，用于有益之事，不搞无谓之举。

——〔美国〕富兰克林

时间就是生命。时间就是金钱。

——〔美国〕富兰克林

闲暇是为了做出某种有益的事而有的时间。

——〔美国〕富兰克林

切勿坐耗时光，须知每时每刻都有无穷的利息；

日计不足，岁计有余。

——〔美国〕富兰克林

成功与失败的分水岭，可以用这五个字来表达——我没有时间。

——〔美国〕富兰克林

争取时间，而勿为时间所乘。

——〔美国〕富兰克林

想要有空余时间，就不要浪费时间。

——〔美国〕富兰克林

忽视当前一刹那的人，等于虚掷了他所有的一切。

——〔美国〕富兰克林

时间不可空过，唯用之于有益的工作；一切无益的行动，应该完全制止。

——〔美国〕富兰克林

如果说时间是最宝贵的东西，那么浪费时间就是最大的挥霍。

——〔美国〕富兰克林

你热爱生命吗？那么别浪费时间，因为时间是组成生命的材料。

——〔美国〕富兰克林

浪费时间是所有支出中最奢侈最昂贵的。

——〔美国〕富兰克林

懒鬼起来吧！别再浪费时间，将来在坟墓内有足够的时间让你睡的。

——〔美国〕富兰克林

时间不能增添一个人的寿命，然而珍惜光阴可使生命变得更有价值。

——〔美国〕卢瑟·伯班克

不是享乐，也不是受苦，而是行动，在每个明天，我们命定的目标和道路，都要比今天前进一步。

——〔美国〕朗费罗

不要老叹息过去，它是不再回来的；要明智地改善现在。要以不忧不惧的坚决意志投入扑朔迷离的未来。

——〔美国〕朗费罗

没有一个人见到过明天，因为明天降临时，它已经是今天了。

——〔美国〕马克斯韦尔·莫尔兹

今日是过去的终结，而未来又从今日创始。

——〔美国〕约翰·雷

人生太短暂了，事情是这样的多，能不兼程而进吗？

——〔美国〕爱迪生

要以一个人对时间的重视程度来衡量这个人。

——〔美国〕爱默生

你若是爱千古，你应该爱现在；昨日不能唤回来，明天还不存在；你能确有把握的，只有今日的现在。

——〔美国〕爱默生

我现在的这一分钟是经过了过去无数亿万分钟才出现的，世上再没有比这一分钟和现在更好。

——〔美国〕惠特曼

我们的生命皆由时间造成。片刻时间的浪费，便是虚掷了一部分的生命。

——〔美国〕林　肯

未来最好的一点是一次只来一天。

——〔美国〕林　肯

未来是现在的另一个名称。

——〔美国〕米　德

利用寸阴是在任何种类的战斗中博得胜利的秘诀。

——〔美国〕斐尔特

这个时间因素必不可少，一个研究人员可以居陋巷，吃粗饭，穿破衣，可以得不到社会的承认。但是只要他有时间，他就可以坚持致力于科学研究。一旦剥夺了他的自由时间，他就完全毁了，再不能为知识做贡献。

——〔美国〕坎　农

度过善于利用的一天，等于为持续的幸福提出了保证。

——〔美国〕克　雷

运气是一颗星宿，金钱是一种玩物，时间却是一个讲故事的人。

——〔美国〕桑德堡

凭着日晷上潜移的阴影，你也知道时间在偷偷地走向亘古。

——〔英国〕莎士比亚

无情的时间像一个强盗似的。

——〔英国〕莎士比亚

时间是无声的脚步，它不会因为我们有许多事情需要处理而稍停片刻。

——〔英国〕莎士比亚

所谓明天、明天、明天的日子，在这无聊的人生旅途上，每天都悄然过去，终于到达时间记录的尽头。

——〔英国〕莎士比亚

在时间的大钟上，只有两个字——现在。

——〔英国〕莎士比亚

时间对于谁都是奔着走的。

——〔英国〕莎士比亚

抛弃时间的人，时间也抛弃他。

——〔英国〕莎士比亚

时间会刺破青春表面的彩饰，会在美人的额上掘深沟浅槽；会吃掉稀世之珍、天生丽质！什么都逃不过他那横扫的镰刀。

——〔英国〕莎士比亚

正像波涛向卵石的海岸奔涌，我们的光阴匆匆地奔向灭亡；后一分钟挤去了前一分钟，接连不断地向前竞争得匆忙。

——〔英国〕莎士比亚

我荒废了时间，时间便把我荒废了！

——〔英国〕莎士比亚

真正的敏捷是一件很有价值的事。因为时间是衡量事业的标准，一如金钱是衡量货物的标准；所以在做事不敏捷的时候，那事业的代价一定是很高的。

——〔英国〕培　根

时间乃是最大的革新家。

——〔英国〕培　根

在适当的时候去做事，可以节省时间；背道而行往往会徒劳无功。

——〔英国〕培　根

过去的事情是无法挽回的。聪明人对现在与未来的事唯恐应付不暇，对既往的事岂能再去计较。

——〔英国〕培　根

时间是不可占有的公共财产，随着时间的推移，真理会愈益显露。

——〔英国〕培　根

黄金时代是在我们的前面，不是在我们的背后。

——〔英国〕培　根

历史是一首时间写在人类记忆上的回旋诗歌。

——〔英国〕雪　莱

时间是伴随人间的天使。

——〔英国〕雪　莱

过去属于死神，未来属于你自己。趁未来还属于你自己的时候，抓住它吧，不要专心懊悔早已过去的事情来糟蹋自己，而要在目前所能做到的事情上努力。

——〔英国〕雪 莱

敢于浪费自己生命中一小时的人，尚未发现生命的价值。

——〔英国〕达尔文

完成工作的方法是爱惜每一分钟。

——〔英国〕达尔文

没有方法能使时钟为我敲已过去了的钟点。

——〔英国〕拜 伦

时间能矫正我们谬误的见解，能考验真理与爱情，它是世间仅有的哲人，其他都是诡辩家而已。

——〔英国〕拜 伦

集过去之大成者谓之现在。

——〔英国〕卡莱尔

要迎着晨光实干，不要面对晚霞幻想。

——〔英国〕卡莱尔

只有今天才真正属于你。

——〔英国〕约翰生

未来的幸福是用现在买来的。

——〔英国〕约翰生

金钱与时间是人生两样最沉重的负担。最不快活的就是那些拥有这两样东西太多、多得不知怎样使用的人。

——〔英国〕约翰生

人生不长，绝不可花费太多的时间去考虑怎样度过这一辈子。

——〔英国〕约翰生

人生是短促的，这句话应当提醒每一个人去从事他要做的一切事情。

——〔英国〕约翰生

我们不能改变昨天——这一点显而易见，在明天到来之前，也不能将它提前；因此，无论是对我还是对你，只能使每个今天过得尽可能甜。

——〔英国〕勃朗宁

假使你打算去从明日中求取百分之九十九的幸福，你还是尽先努力，试从今日中取得一分的幸福吧。

——〔英国〕勃朗宁

你能在浪费时间中获得乐趣，就不是浪费时间。

——〔英国〕罗　素

一桩事业的完成需要时间越长，越应该立即动手去做。

——〔英国〕伏尼契

切莫垂头丧气，即使失去了一切，你还握有未来。

——〔英国〕王尔德

辛勤的蜜蜂永远没有时间悲哀。

——〔英国〕布莱克

延宕是偷光阴的贼，抓住它吧！

——〔英国〕狄更斯

光辉的人生中，一个忙迫的钟头，胜过无意义的人生的一世。

——〔英国〕司各特

时间是送给我们的宝贵礼物，它使我们变得更聪明、更美好、更成熟、更完美。

——〔英国〕托马斯

你说时间是流逝的吗？不！时间停伫，我们才是流逝的。

——〔英国〕奥斯丁

人的心灵忍受不了空的时间。

——〔英国〕霍布斯

对未来的最好策划，是妥善处理目前，完成最近的工作任务。

——〔英国〕麦克唐纳

如果落日的余晖照射着你的双手，你发觉它们当天并没有做过有价值的事业，那你就应当把这一天看作已经失落。

——〔英国〕杨　格

时间是伟大的作者，她能写出未来的结局。

——〔英国〕卓别林

必须记住我们的时间是有限的。时间有限，不只由于人生短促，更由于人事纷繁。我们应该力求把我们所有的时间用去做最有益的事情。

——〔英国〕斯宾塞

我毕生学习如何生活，现在我已经完全了解……但是人生却尽终了。

——〔英国〕赫胥黎

胜利者往往是从坚持最后五分钟的时间中得来成功。

——〔英国〕牛　顿

浪费时间是一桩大罪过。

　　　　　　——〔法国〕卢　梭

时间就是一切。

　　　　　　——〔法国〕拿破仑

你有一天将遭遇的灾祸是你某一段时间疏懒的报应。

　　　　　　——〔法国〕拿破仑

我如果无所事事地过了一天，自己就觉得好像犯了盗窃罪。

　　　　　　——〔法国〕拿破仑

我可能丢失胜利，但没有人会看到我丢失哪怕一分钟。

　　　　　　——〔法国〕拿破仑

最严重的浪费就是时间的浪费。

　　　　　　——〔法国〕布　封

未来只不过是以现在为前提的"追忆的投影"。

　　　　　　——〔法国〕布莱克

就是"明天"这两个字害了我们。

　　　　　　——〔法国〕巴尔扎克

时间是人的财富，全部财富。正如时间是国家的财富一样，因为任何财富都是时间与行动化合之后的成果……

　　　　　　　——〔法国〕巴尔扎克

　　除了聪明没有别的财产的人，时间是唯一的资本。

　　　　　　　——〔法国〕巴尔扎克

　　人的全部本领无非是耐心和时间的混合物。

　　　　　　　——〔法国〕巴尔扎克

　　整个生命是日子的问题，梦想家才会使自己置身虚无缥缈之中，而不去抓住眼前一纵即逝的光阴。

　　　　　　　——〔法国〕罗曼·罗兰

　　时间流逝，像平静的河水，没有一道裂痕，没有一道皱纹，从容不迫，好像永生永世都应该如此。

　　　　　　　——〔法国〕罗曼·罗兰

　　最拙于运用时间的人，总是为时间的快如闪电而大发牢骚。

　　　　　　　——〔法国〕布律耶尔

　　不善于利用时间的人，总是首先抱怨没有时间，因为他把时间都耗费在穿、吃、睡和聊天上，去考虑应该做什么，而只是什么也不去做。

　　　　　　　——〔法国〕布律耶尔

　　世界上不知有多少能够建立功业的人，却因为把宝贵的时间轻轻放过，以致默默无闻。

——〔法国〕莫泊桑

我们几乎不为现在而思考。即使偶尔思考，也仅仅为了处理未来，才忽然想到从现在获得一些指引的光。现在绝不是我们的目的，过去与现在只是我们的手段，唯有未来才是目的。

——〔法国〕巴斯卡

世纪的面貌是岁月的动态集成的。

——〔法国〕雨　果

实际上，大多数人的幸福或不幸，主要系于这十个或二十个小时使用是否巧妙。

——〔法国〕爱尔维修

对未来真正的慷慨，是将所有给予现在。

——〔法国〕加　缪

我们的过去不复存在，我们的未来不见踪影；所以我们不必为过去和未来而愁苦，我们只须认真地活在现在里。

——〔法国〕亚　兰

"将来"属于那工作勤勉的人。

——〔法国〕孟德斯鸠

人生是非常短暂的，但是如果只注意到其短暂，那就连一点价值都没了。

——〔法国〕沃韦纳戈

不埋首于远昔的过去，把握现在吧！

——〔德国〕席　勒

自由时间——不论是闲暇时间还是从事较高级活动的时间——自然要把占有它的人变为另一主体，于是他作为这另一主体又加入直接生产过程。

——〔德国〕马克思

珍惜工作时间，无异于扩展空余的时间，也就是扩大了全面发展所必需的条件。这种扩展本身就同巨大的生产力反过来影响生产率一样。

——〔德国〕马克思

真正的财富就是所有个人的发达的生产力。那时，财富的尺度绝不再是劳动的时间，而是可以自由支配的时间。

——〔德国〕马克思

时间是人类发展的空间。

——〔德国〕马克思

请你说话简单明了，别讲漂亮话！谁白白占用我们的时间，谁就在偷我们的东西，而你是不应该偷我们的东西的！

——〔德国〕阿登纳

我们没有学习到一些有用事物的日子，每天都是白白浪费掉的。人拥有的东西没有比光阴更贵重、更有价值的了，所以千万不要把你今天所做的事拖延到明天去做。

——〔德国〕贝多芬

最值得高度珍惜的莫过于每一天的价值了。

——〔德国〕歌　德

善于利用时间的人，永远找不到充裕的时间。

——〔德国〕歌　德

在一切与生俱来的天然赠品中，时间最为宝贵。

——〔德国〕歌　德

正当地利用你的时间！你要理解什么，不要舍近求远。

——〔德国〕歌　德

我瞧不起那些对一切事物的短暂性不胜伤感，又一心盘算着尘世浮名浮利的人。人生一世不就是为了化短暂的事物为永久的吗？要做到这一步，就须懂得如何珍视这短暂和永久。

——〔德国〕歌　德

现在是一位魅力十足的女神。

——〔德国〕歌　德

将每天献于当做的事，于是每晚都感觉到做完一点东西。

——〔德国〕歌　德

在今天和明天之间，有一段很长的时期；趁你还有精神的时候，学习迅速地办事。

——〔德国〕歌　德

忘掉今天的人多被明天忘掉。

——〔德国〕歌　德

今天所做之事，勿候明天；自己所做之事，勿候他人。要做一番伟大的事业，总得在青年时代开始。

——〔德国〕歌　德

你只需在这方面坚持下去，紧紧把握住现在，每一场合甚至每一刹那，都有无限的价值，因为它都是整个永恒的代表。

——〔德国〕歌　德

把时间用得节省些，我很可能把最珍贵的金刚石拿到手。

——〔德国〕歌　德

不要把时间、财力和劳动浪费在空洞、多余的语言上。

——〔德国〕歌　德

　　使时间短促的是活动，使时间漫长难忍的是安逸。

——〔德国〕歌　德

　　未来对现在的影响和过去对现在的影响一样大。

——〔德国〕尼　采

　　我从不想未来，它来得太快。

——〔德国〕爱因斯坦

　　等你们六十岁的时候，你们就会珍惜由你们支配的每一个钟头了。

——〔德国〕爱因斯坦

　　空间和时间是一切实体的存在形式。只有在空间和时间内的存在才是存在……一个人如果根本没有时间，也就没有意欲和思维的时间和热望。

——〔德国〕费尔巴哈

　　没有比推诿没有时间更坏的辩护了，没有比时间能为人在更大程度上使用的东西了。通常所谓的没有时间乃是没有足够的愿望、力量、机警来打破自己日常的因循惯例。

——〔德国〕费尔巴哈

　　在空间中部分小于整体，相反，在时间中，至少在主观上，部分大于整体。因为在时间中只有部分是现实的，而整体只是想象的对象，因为现实的每一秒钟，对我们说来是比想象中的十年更大、更长的一段时间。

——〔德国〕费尔巴哈

普通人耗神于如何打发时间，精干的人却耗神于如何有效利用时间。

——〔德国〕叔本华

不要因晚起而缩短早晨，要把早晨视为生活的精华，视为相当神圣的东西。

——〔德国〕叔本华

不要为已消逝之年华叹息，须正视欲匆匆溜走的时光。

——〔德国〕布莱希特

随时光而流逝的，既已流逝，莫去想它。

——〔希腊〕荷　马

最有希望的成功者，并不是才干出众的人，而是那些最善利用每一时机去发掘开拓的人。

——〔希腊〕苏格拉底

当许多人在一条路上徘徊不前时，他们不得不让开一条大路，让那珍惜时间的人赶到他们的前面去。

——〔希腊〕苏格拉底

时间是一个健谈者，它对我们解释一切，你不需要在它发言之前提出问题。

——〔希腊〕索福克勒斯

请聚精会神地听时间说话，时间是最贤明的法律顾问。

——〔希腊〕索福克勒斯

时间好像一条由所发生的各种事件构成的河流，并且是一条激流，因为刚刚看见了一个事物，它就被带走了，而另一个事物又来代替它，而这个也将被带走。

——〔希腊〕奥勒留

时间是一个玩骰子的儿童，儿童掌握着王权。

——〔希腊〕赫拉克利特

贤者对于生命，正如同他对于食品一样，并不单单选多的，而是选最精美的。同样地，他享受时间也不是单单度量它是否长远，而是度量它是否合意。

——〔希腊〕伊壁鸠鲁

不，亲爱的灵魂，别期望什么无限的生命。而相信，要穷尽你从现实里所能完成的一切。

——〔希腊〕品 达

时间是一切财富中最宝贵的财富。

——〔希腊〕狄奥弗拉斯多

时间是最聪明的顾问。

——〔希腊〕普鲁塔克

时间带走一切，长年累月会把你的名字、外貌、性格、命运都改变。

——〔希腊〕柏拉图

年轻的时候，日短年长；年老的时候，年短日长。

——〔罗马〕恺　撒

唯有"过去"是最确实的事。

——〔罗马〕西塞罗

与其察看老战场，不如准备未来。

——〔罗马〕西塞罗

莫为未来而烦忧。如有必要，何不以现在可资运用的智慧之剑，从容应付未来。

——〔罗马〕奥理略

一切都不是我们的，而是别人的，只有时间是我们的财产。

——〔罗马〕塞涅卡

把每时每刻都用在自己事业上的人，是不向往明天也不害怕明天的。这就是为什么不论寿数多少，对他来说都是足够的。

——〔罗马〕塞涅卡

时间的最大损失是拖延与期待，依赖将来。我们不应放过可支配的现在，而期望有赖机会的将来，为一件不确定的事放弃确定的事。

——〔罗马〕塞涅卡

抓住那似水流年，抓住，抓住！

——〔罗马〕贺拉斯

人若把一生的光阴虚度，便是抛下黄金未买一物。

——〔波斯〕萨　迪

一生没有虚过，可以愉快地死，如同一天没有虚过，可以安眠！

——〔意大利〕达·芬奇

最聪明的人是最不愿浪费时间的人。

——〔意大利〕但　丁

一个人越知道时间的价值，越倍觉失时的痛苦。

——〔意大利〕但　丁

没有一种不幸可与失掉时间相比了。

——〔俄国〕屠格涅夫

人人知道，时间有时像鸟一样飞着，有时像蛆一样爬着，不过要是一个人连时间究竟很快或很慢也不觉得，他便是很幸福的了。

——〔俄国〕屠格涅夫

金钱宝贵，生命更宝贵，时间最宝贵。

——〔俄国〕苏沃洛夫

"小孩儿时候"，再加上刚刚进入青年时期的两三年是生活中最充足的、最优美的、最属于我们的部分，也几乎是最主要的部分，它不知不觉地决定整个未来。

——〔俄国〕赫尔岑

你没有最有效地使用而把它放过的那点钟是永远不能返回了。

——〔俄国〕列夫·托尔斯泰

我们常常说："有的是时候！"说老实话，我们应该承认：我们并没有请教我们的理智，不过是听信了懒惰罢了！所以，如果有工作要做，就应该立刻做好，如果交运时你发现自己毫无准备，就不该怪怨命运女神，却应该埋怨你自己。

——〔俄国〕克雷洛夫

懒惰是游手好闲、虚度光阴的产物。

——〔苏联〕苏霍姆林斯基

对时间的慷慨，就等于慢性自杀。

——〔苏联〕奥斯特洛夫斯基

今晚要做的事没有做，明天再早也是耽误。

——〔瑞士〕裴斯泰洛齐

要养成今天工作的习惯，明天会自动到来。这样，明天的力量也就随即降临了。

——〔瑞士〕希尔泰

准确守时，为事业的灵魂。

——〔加拿大〕哈利伯顿

生命的多少用时间来计算，生命的价值用贡献来计算。从物质的消耗中谋求欢乐，才是人生真正的悲哀。

——〔匈牙利〕裴多菲

天下最可贵的，莫如时间。天下最奢侈的，莫如浪费时间。

——〔奥地利〕莫扎特

聪明人警告我说，生命只是一颗荷叶上的露珠。

——〔印度〕泰戈尔

逝者如斯夫，不舍昼夜。

——孔　子

圣人不贵尺之璧，而贵寸之阴。

——刘　安

圣人不能违时，亦不失时也。

——曹　操

年年岁岁花相似，岁岁年年人不同。

——刘希夷

劝君著意惜芳菲，莫待行人攀折尽。

——欧阳修

花有重开日，人无再少年。

——陈　著

明日复明日，明日何其多！我生待明日，万事成蹉跎！世人苦被明日累，春去秋来老将至，朝看水东流，暮看日西坠，百年明日能几何？请君听我明日歌。

——钱　福

时间这个东西，也不因吾人爱它贵它稍稍在人间留恋。

——李大钊

尔若爱千古，尔当爱现在。昨日不能唤回来，明天还不确实，尔能确有把握的就是今日。今日一天，当明日两天。

——李大钊

我认为世间最可宝贵的就是"今"，最容易丧失

的也是"今"。因为它最容易丧失，所以更觉得它
宝贵。

——李大钊

时间对我来说是很宝贵的，用经济学的眼光看是
一种财富。

——鲁　迅

节约时间，也就是使一个人有限的生命更加有
效，也即等于延长了人的生命。

——鲁　迅

时间就是生命。无端地空耗别人的时间，其实是
无异于谋财害命的。

——鲁　迅

时间，就像海绵里的水一样，只要你愿挤，总还
是有的。

——鲁　迅

读书使人成为完善的人

如果使用得好，书是最好的东西；如果滥用了，书就是最坏的东西。

——〔美国〕爱默生

一本好书并不是它包含的思想好，而是它能激发起良好的意识，正如音乐的美妙不在于音调，而在激起我们心中的回声一样。

——〔美国〕霍姆斯

书籍是天才留给人类的遗产，世代相传，更是给予那些尚未出世的人的礼物。

——〔美国〕爱迪生

读书之于脑，犹运动之于身体。

——〔美国〕爱迪生

没有书籍，就不能打赢思想之战，正如没有战舰就不能打赢海战一样。

——〔美国〕罗斯福

对于一个真正的作家来说，每一本书都应该成为他继续探索那些尚未到达的领域的一个新起点。

———〔美国〕海明威

读书使人成为完善的人。

———〔英国〕培　根

书籍是在时代的波涛中航行的思想之船，它小心翼翼地把珍贵的货物运送给一代又一代。

———〔英国〕培　根

有些书只需品尝，有些需要吞咽，还有少数的应该细嚼。

———〔英国〕培　根

一间没有书的屋子，正如一个没有窗子的房间。

———〔英国〕莫　尔

书籍是全世界的营养品。生活里没有书籍，就好像没有阳光；智慧里没有书籍，就好像鸟儿没有翅膀。

———〔英国〕莎士比亚

书籍若不常翻阅，则等于木片。

———〔英国〕莎士比亚

书籍并不是没有生命的东西，它包藏着一种生命的潜力，与作者同样地活跃。不仅如此，它还像一个宝瓶，把作者生机勃勃的智慧中最纯净的精华保存起来。

——〔英国〕弥尔顿

一个爱书的人，他必定不至于缺少一个忠实的朋友，一个良好的老师，一个可爱的伴侣，一个温情的安慰者。

——〔英国〕巴　罗

仅次于选择益友，就是选择好书。

——〔英国〕考尔德

书的价值应以你在里面所取得的东西多寡而定。

——〔英国〕斯威夫特

书是思想的产儿。

——〔英国〕斯威夫特

不好的书也像不好的朋友一样，可能把你伤害。

——〔英国〕菲尔丁

不好的书告诉错误的概念，使无知者变得更无知。

——〔英国〕菲尔丁

书应教人享乐人生，不然就应教人忍受人生。

——〔英国〕约翰生

对你帮助最大的书籍，是使你想得最多的书籍。

——〔英国〕伯　克

书本是将圣贤豪杰的心照射到我们心里的忠实镜子。

——〔英国〕吉　本

人的品格可从他所读的书判断，犹如可从他交往的朋友判断出来一样。

——〔英国〕史密斯

书籍是最有耐心、最能忍耐和最令人愉快的伙伴。在任何艰难困苦的时刻，它都不会抛弃你。

——〔英国〕史密斯

书籍——当代真正的大学。

——〔英国〕卡莱尔

任何一本书的影响莫过于使读者开始作内心的反省。

——〔英国〕卡莱尔

选书应和交友一样谨慎，因为你的习性受书籍的影响不亚于朋友。

——〔英国〕胡　德

那贮藏我的良伴——书籍之所，乃是我的美奂的宫殿。

——〔英国〕伏尼契

天下事利害相伴，唯读书只有利而无害。

——〔英国〕迪斯累里

所有的好书，读起来就像同过去世界上最杰出的人们谈话。

——〔法国〕笛卡儿

喜欢读书，就等于把生活中寂寞的辰光换成巨大享受的时刻。

——〔法国〕孟德斯鸠

当我们第一遍读一本好书的时候，我们仿佛觉得找到一个朋友；当我们再一次读这本好书的时候，仿佛又和老朋友重逢。

——〔法国〕伏尔泰

不读书的人，思想就会停止。

——〔法国〕狄德罗

有创见的书籍传布在黑暗的时代里，有如太阳照耀在荒凉的沙漠上，为的是化黑暗为光明。这些书是人类精神史上划时代的作品，人们是凭着它们的原则，向种种新的发现迈进。

——〔法国〕爱尔维修

书籍是改造灵魂的工具。它对于人类之所以必需，就在于它是滋补光明的养料。

——〔法国〕雨　果

书籍是朋友，虽然没有热情，但是非常忠实。

——〔法国〕雨　果

书籍是最好的朋友。当生活中遇到任何困难的时候，你都可以向它求助，它永远不会背弃你。

——〔法国〕都　德

世界上有许多好书，但这些书仅仅对那些会读它们的人才是好的。

——〔法国〕皮　丁

在我看来，最好的书是那些能够提供最丰富的思考材料的书。

——〔法国〕法朗士

书没有道德的，也没有不道德的，只不过是写得好与坏而已。

——〔法国〕王尔德

和书籍生活在一起，永远不会叹气。

——〔法国〕罗曼·罗兰

谁都不会死读一本书，每个人都从书中研究自己，要不是发现自己就是控制自己。

——〔法国〕罗曼·罗兰

书籍具有不朽的能力。它是人类活动得最长久的果实。

——〔德国〕歌　德

书籍是少年的食物，它使老年人快乐，也是繁荣的装饰和危难的避难所，慰人心灵。在家庭成为快乐的种子，在外也不致成为障碍物，但在旅行之际，却是夜间的伴侣。

——〔罗马〕西塞罗

书籍使一些人博学多识，但也使一些食而不化的人疯疯癫癫。

——〔意大利〕彼特拉克

书是我们时代的生命。

——〔俄国〕别林斯基

阅读一本不适合自己阅读的书，比不阅读还要坏，我们必须学会这样的本领：选择最有价值、最适合自己所需要的读物。

——〔俄国〕别林斯基

好的书籍是最贵重的珍宝。

——〔俄国〕别林斯基

不去读书就没有真正的教养，同时也不可能有什么鉴别力。

——〔俄国〕赫尔岑

看书和学习是思想的经常营养，是思想的无穷发展。

——〔俄国〕冈察洛夫

不要阅读信手拈来的书，而要严格加以挑选，要培养自己的趣味和思维。

——〔俄国〕屠格涅夫

书籍不仅对那些不会读书的人是哑口无言，就是对那些机械读完了书而不会从死字母中吸取思想的人，也是哑口无言。

——〔俄国〕乌申斯基

书籍是人类思想的宝库。

——〔俄国〕乌申斯基

不怕书籍少，但它们必须生动。

——〔俄国〕奥斯特洛夫斯基

理想的书籍是智慧的钥匙。

——〔俄国〕列夫·托尔斯泰

不好的书不仅无益，而且有害。应当首先竭力阅读和了解各个时代、各个民族的最优秀作家的书。

——〔俄国〕列夫·托尔斯泰

对于有文化的人，读书是高尚的享受。我重视读书，它是我一种宝贵的习惯。

——〔苏联〕高尔基

每一本书都是一个用黑字印在白纸上的灵魂，只要我的眼睛、我的理智接触了它，它就活起来了。

——〔苏联〕高尔基

书和人一样，也是有生命的一种现象，它也是活的、会说话的东西。

——〔苏联〕高尔基

书籍引导我穿过生活（显然我是十分熟悉生活的），并且还教会我某些不知道和在身上没有注意的东西。

——〔苏联〕高尔基

书籍使我的智慧和心灵受到鼓舞，帮助我从生活的泥沼中爬出来。

——〔苏联〕高尔基

书是人类进步的阶梯。

——〔苏联〕高尔基

我读书越多，书籍就使我和世界越接近，生活对我也变得越光明和有意义。

——〔苏联〕高尔基

读书，这个我们习以为常的平凡过程，实际上是人们心灵和上下古今一切民族的伟大智慧相结合的过程。

——〔苏联〕高尔基

读书愈多，精神就愈健壮而勇敢。

——〔苏联〕高尔基

生活在我们这个世界里，不读书就完全不可能了解人。

——〔苏联〕高尔基

应当随时学习，学习一切，应该集中全力，以求知道得更多，知道一切。

——〔苏联〕高尔基

一个没有书本和墨水的闲居者，等于是一具有生命的僵尸。

——〔瑞典〕诺贝尔

书读百遍，其义自见。

——陈　寿

黑发不知勤学早，白发方悔读书迟。

——颜真卿

富贵必从勤苦得，男儿须读五车书。

——杜　甫

外物之味，久则可厌；读书之味，愈久愈深。

——程　颐

学者须精读一两书，其余如破竹，数节后皆迎刃而解。

——苏　轼

旧书不厌百回读，熟读深思子自知。

——苏　轼

读书须求大义，不可缠绕于琐碎传注之间。

——贺　钦

少年读书，如隙中窥月；中年读书，如庭中望月；老年读书，如台上玩月。皆以阅历之浅深，为所得之浅深耳。

——张　潮

"学问"二字，须要拆开看。学是学，问是问，今人有学而无问，虽读万卷书，只是一条钝汉尔。

——郑板桥

倘只看书，便变成书橱，即使自己觉得有趣，而那趣味其实是已在逐渐硬化，逐渐死去了。我先前反对青年躲进研究室，也就是这个意思。

——鲁　迅

世间最不行的是读书者。因为他只能看别人的思想艺术，不用自己……较好的是思索者。因为能用自己的生命力了，但还不免是空想。所以更好的是观察者，他用自己的眼睛去读世间这一部活书。

——鲁　迅

天才就是能透视本质的人

在世上随着众意而生活是容易的，在孤独时循着己意生活也是容易的；但伟人却能在群众中仍保持着自主之完美性格。

——〔美国〕爱默生

平凡的人希望，天才的人创造。

——〔美国〕爱默生

伟大的人物总是愿意当小人物的。

——〔美国〕爱默生

我们见过许多骗子，但我们天生信赖伟人。

——〔美国〕爱默生

天才只是无限的惨淡经营与勤勉。

——〔美国〕朗费罗

有天才的人，常被社会上的一般人认为愚蠢及拙笨，此正如发光的流星，当它陨落在地上，看来也不过只是一块石头而已。

——〔美国〕朗费罗

成为伟人是伟大的，做一个真正的人更伟大。

——〔美国〕罗杰斯

我不以为我是天才，只是竭尽全力去做而已。

——〔美国〕爱迪生

这个人有才能，那个人有天才；奇怪而残酷的是：有才干的人拿出便士，得到的报酬是黄金；有天才的人拿出黄金，但却只得到便士。

——〔美国〕戴维斯

世界上大部分的麻烦都是要想成为伟大人物的人惹出来的。

——〔美国〕艾略特

自信自己是有才华的人才，才对人类最有益。

——〔美国〕卡耐基

无视于大众的喝彩而能自得其乐的人，才是伟大的人。

——〔美国〕斯蒂尔

瓜是生在纯粹肥料里的最甜，天才是长在恶性土壤中的最好。

——〔英国〕培 根

天然的才能好像天然的植物，需要学问来修剪。

——〔英国〕培 根

诗人的书卷比大理石牌坊生存得更久。其他一切都相继死亡，唯有天才继续生存。

——〔英国〕斯宾塞

天才只有跟科学结合，才能产生最大的效果。

——〔英国〕斯宾塞

能轻易做到别人感觉困难的事是人才；能轻易做到别人所不能做的工作是天才。

——〔英国〕西德尼

你可从一种现象看出有一个天才在这世界上出现，那就是一些蠢材们都联合起来反对他。

——〔英国〕斯威夫特

天才是天生的而不是教导出来的。

——〔英国〕德莱顿

有天才的人的心灵更为浩瀚，对万物的存在全有感受，对自然界的一切都有兴趣；他不接受一个观念，除非它唤起一种情感；一切激动他，一切在他这里保存下来。

——〔英国〕菲尔丁

人不会因其家财万贯，便使其人物伟大。不论如何，凡事都是命中注定，注定当小人物的人，没有办法使他成为伟大的人物。

——〔英国〕约翰生

真正伟大的天才永远具有良知。

——〔英国〕鲍斯威尔

真正的天才为后代所绘制的草案，虽然往往没受到他们应得的那么多崇敬，但最后终究是会被后人加上双倍利息补偿的。

——〔英国〕科尔顿

天才就是无止境刻苦勤奋的能力。

——〔英国〕卡莱尔

天才就是能透视本质的人。

——〔英国〕卡莱尔

以伟大的思想培育你的精神吧。要相信英雄才能创造出英雄来。

——〔英国〕迪斯累里

天才不过是一种高超的观察能力而已。

——〔英国〕罗斯金

人们永恒的责任是证明他的力量、天才，并为了他人的利益而发展这些特长。

——〔英国〕罗斯金

天才做必须做的事，干才做能够做的事。

——〔英国〕梅瑞狄斯

中才因头衔而出现，大才妨碍头衔，小才则玷污头衔。

——〔英国〕萧伯纳

常识是本能，而丰富的常识即是天才。

——〔英国〕萧伯纳

能够隐藏自己的才能是一种很大的才能。

——〔法国〕罗休夫柯

具有天才还不够，我们一定要能够善于运用它。

——〔法国〕罗休夫柯

伟大的灵魂与普通的灵魂相比，不在于它情欲小、道德多，而在于它有伟大的抱负。

——〔法国〕罗休夫柯

爱护才华吧，保护那些才华修美的人物吧。文明的民族啊，培养他们吧。

——〔法国〕卢　梭

自信力对于事业简直是一种奇迹，有了它，你的才能便可以取之不尽，用之不竭；一个没有自信力的人，无论他有多大才能，也不会抓住一个机会。

——〔法国〕卢　梭

天才只可以体会，但绝不能模仿。

——〔法国〕狄德罗

精神的浩瀚、想象的活跃、心灵的勤奋：就是天才。

—— 〔法国〕狄德罗

天才是各个时代都有的，可是除非待有非常的事变发生，激动群众，使有天才的人出现，否则有天才的人就会僵化。而在那样的时候，情感在胸怀堆积、酝酿，凡是具有喉舌的人都会感到说话的需要，吐之而后快。

—— 〔法国〕狄德罗

必须让有天才的人独立，而人类应当深刻地掌握一条真理，即人类要使有天才的人成为火炬，而不要让他们忙于私人利益，因为这种利益会降低他们的人格，使他们放弃真正的使命。

—— 〔法国〕圣西门

做一个杰出的人，光有一个合乎逻辑的头脑是不够的，还要有一种强烈的气质。

—— 〔法国〕司汤达

天才永远在人民中间，就像火藏在燧石里一样，只要具备了条件，这种死的石头就能够发出火来。

—— 〔法国〕司汤达

没有伟大的愿望，就没有伟大的天才。

—— 〔法国〕巴尔扎克

良好的方法能使我们更好地发挥运用天赋的才

能，而拙劣的方法则可能阻拦才能的发挥。

——〔法国〕贝尔纳

天才？绝对没有那种东西。有的只是用功、方法和不断的计划。

——〔法国〕罗　丹

所谓大师，就是这样的人：他们用自己的眼睛去判别见过的东西，在别人司空见惯的东西上能够看出美来。

——〔法国〕罗　丹

固然由于毅力而成为伟大，可是也会由于灾难而成为伟大。所以不幸的人啊！切勿过于怨叹，人类中最优秀者和你们同在。

——〔法国〕罗曼·罗兰

所谓英雄，是做了他自己应做的事。然而凡人却不但不评估能力能做的事，还企望做能力以外的事。

——〔法国〕罗曼·罗兰

真正的英雄不是永远没有卑下的情操，只是永远不被卑下的情操所屈服罢了。

——〔法国〕罗曼·罗兰

天才免不了有障碍，因为障碍会创造天才。

——〔法国〕罗曼·罗兰

只有从事一项伟大事业的时候，一个人才能成为一个伟大的人。

——〔法国〕戴高乐

天才是自创法则的人。

——〔德国〕康　德

天才就是勤奋。

——〔德国〕歌　德

我们全都要从前辈和同辈那里学习到一些东西。就连最伟大的天才，如果单凭他所特有的内在自我去对待一切，他绝不会有多大成就。

——〔德国〕歌　德

没有发生长远影响的创造力就不是天才。

——〔德国〕歌　德

天才形成于平静中，性格来自生活的激流。

——〔德国〕歌　德

天才所要求的最先和最后的东西都是对真理的热爱。

——〔德国〕歌　德

伟大的人物在限制中才能表现自己。

——〔德国〕歌　德

对于平庸者来说，再大的安慰莫过于天才并非永世长存。

——〔德国〕歌　德

天才是干才，或想当干才的人，可在干才这东西中发现自身最美的生存。

——〔德国〕歌　德

天才之生命的火花，比平凡的人之生命的火花，燃烧得迅速。

——〔德国〕席　勒

真正的天才不能有丝毫做作。有了做作，便算不得天才了。

——〔德国〕席　勒

划分天才和勤勉之别的界限迄今未能确定——也没办法确定。

——〔德国〕贝多芬

天生的才能几乎可以抵偿每一次教养的缺乏，但教养却不能补偿能力的贫乏。

——〔德国〕叔本华

天才人物与他们自己短暂的生命相比，却是一座矗立在一块小小的地基上的大厦。人们站在大厦面前无法辨明它有多大；同样，一个天才活着的时候，人们无法估价他的伟大。待到一个世纪后，世界就会承认他的伟大，渴望他能够回来。

——〔德国〕叔本华

人们在那里高谈阔论着天才和灵感之类的东西，而我却像首饰匠打金锁那样精心地劳动着，把一个个小环非常合适地联结起来。

——〔德国〕海　涅

人才进行工作，而天才进行创造。

——〔德国〕舒　曼

"天才就是勤奋"，曾经有人这么说过。没有非常的精力和非常的工作能力便不可能成为天才。既没有精力也没有工作能力的所谓天才，不过是一个漂亮的肥皂泡或者一张只能到月球上去兑现的支票而已。但是，哪里有超乎常人的精力与工作能力，哪里就有天才。

——〔德国〕李卜克内西

一个伟人不单有他自己的才智，他还有着他的朋友的才智。

——〔德国〕尼　采

在天才和勤奋之间，我毫不迟疑地选择勤奋。它几乎是世界上一切成就的催生婆。

——〔德国〕爱因斯坦

天才是蕴藏在矿里的黄金；才干是工作着开采它出来的矿工。

——〔德国〕布莱希特

有人问：写一首好诗，是靠天才呢，还是靠艺术？我的看法是：苦学而没有丰富的天才，有天才而没有训练，都归无用；两者应该相互为用，相互结合。

——〔希腊〕亚里士多德

所有的天才都是忧郁的。

——〔罗马〕西塞罗

有天资的人，当他们工作得最少的时候，实际上是他们工作得最多的时候，因为他们是在构思，并把想法酝酿成熟，这些想法随后就通过他们的手表达出来。

——〔意大利〕达·芬奇

伟大的才能就是了解别人身上的伟大。

——〔俄国〕卡拉姆辛

有了天才不用，天才一定会衰退的，而且会在慢性的腐朽中归于灭亡。

——〔俄国〕克雷洛夫

天才最基本的特征之一是独创性或独立性，其次是它具有的思想与理想的普遍性和深度，最后是这思想与理想对当代历史的影响，天才永远以其创造开拓新的、前所未闻或无人预料到的现实世界。

——〔俄国〕别林斯基

一个伟大人物是依靠人类共同生活而生活的；他无法对世界的命运、对巨大的事件表示冷淡；他不能不理解当代事件——这些事件一定会对他产生影响，不管采取的是什么形式。

——〔俄国〕赫尔岑

任何天才不可能在孤独中得到发展。外部世界的刺激——这是一本很好的书。与人交谈一次，往往比多年劳作更能启发心智。思想必定是在与人交往中产生，而在孤独中进行加工和表达。

——〔俄国〕列夫·托尔斯泰

天才是指异乎寻常的忍耐者而言。

——〔俄国〕列夫·托尔斯泰

天才的十分之一是灵感，十分之九是血汗。

——〔俄国〕列夫·托尔斯泰

终生奋斗，便成天才。

——〔俄国〕门捷列夫

天才就是把注意力集中在所研究的那门学问上的最高能力。

——〔俄国〕巴甫洛夫

对自己不满足，是任何真正有天才的人的根本特征。

——〔俄国〕契诃夫

英雄——就是这样一个人，他在决定性关头做了为人类社会的利益所需要的事。

——〔捷克〕伏契克

今有璞玉于此，虽万镒，必使玉人雕琢之。

——孟　子

录人一善，则无弃人。采材一用，则无弃材。

——魏　子

论大功者，不录小过；举大善者，不疵细瑕。

——班　固

十步之间，必有茂草；十室之邑，必有俊士。

——王　符

天生我才必有用。

——李　白

试玉要烧三日满，辨材须待七年期。

——白居易

高者未必贤，下者未必愚。

——白居易

世有伯乐，然后有千里马。

——韩　愈

理想是世界的主宰

从事一项事情，先要决定志向，志向决定之后就要全力以赴毫不犹豫地去实行。

——〔美国〕富兰克林

希望是生命的源泉，失去它生命就会枯萎。

——〔美国〕富兰克林

有爱好希望及快乐的癖性，那是真正的财富；有喜好恐惧及忧虑的癖性，那是真正的贫穷。

——〔美国〕休　谟

一切的和谐与平衡，健康与健美，成功与幸福，都是由乐观与希望的向上心理产生与造成的。

——〔美国〕华盛顿

理想是世界的主宰。

——〔美国〕霍　桑

希望如不是置身深渊的大海上，就绝不能展开其翅膀。

——〔美国〕爱默生

全心贯注于你所期望的事物上，必有收获。

——〔美国〕爱默生

当你的希望一个个落空，你也要坚定，要沉着！

——〔美国〕朗费罗

喷泉的高度不会超过它的源头；一个人的事业也是这样，他的成就绝不会超过自己的信念。

——〔美国〕林　肯

希望好像一个家庭，没有它，你会觉得生活乏味；有了它，你又觉得天天为它辛劳，是一种烦恼。

——〔美国〕马克·吐温

无论何时，不管怎样，我也绝不允许自己有一点灰心丧气。

——〔美国〕爱迪生

对我来说，信念意味着不担心。

——〔美国〕杜　威

哥伦布是凭着信念发现了新大陆，绝不是靠航海图。

——〔美国〕桑塔亚娜

理想是人生的太阳。

——〔美国〕德莱赛

信心是命运的主宰。

——〔美国〕海伦·凯勒

希望是引导人成功的信仰。如果没有了希望，便一事无成。

——〔美国〕海伦·凯勒

要有自信，然后全力以赴——假如有这种信念，任何事情十之八九都能成功。

——〔美国〕威尔逊

朝着一定目标走去是"志"，一鼓作气中途绝不停止是"气"，两者合起来就是"志气"。一切事业的成败都取决于此。

——〔美国〕卡耐基

希望是穷人的面包。

——〔美国〕哈　佛

抑制你的行动，增强你的希望。

——〔美国〕哈　佛

希望贯穿一切，临死也不会抛弃我们。

——〔美国〕波　普

希望永远在人的胸膛汹涌。人要经常感觉不是现在幸福，而是就要幸福了。

——〔美国〕波　普

毫无理想而又优柔寡断是一种可悲的心理。

—— 〔英国〕培　根

希望是苦难的唯一药方。

—— 〔英国〕莎士比亚

希望在任何时地都是一种支撑生命的安全力量。

—— 〔英国〕莎士比亚

希望是为痛苦而吹奏的音乐。

—— 〔英国〕莎士比亚

一个最困苦、最微贱、最为命运所屈辱的人，只要还抱有希望，便可无所怨惧。

—— 〔英国〕莎士比亚

你的目标确定了，你的脚步也就轻快了。

—— 〔英国〕哈伯特

过分重视现实生活的人，大都是些市侩，而市侩的特征，就是对理想麻木不仁。

—— 〔英国〕斯威夫特

没有希望的地方，就没有奋斗。

—— 〔英国〕约翰生

人的志向通常和他们的能力成正比例。

—— 〔英国〕约翰生

最贫的是无才，最贱的是无志。

——〔英国〕约翰生

希望像太阳，当我们向它行进，我们负担的阴影便抛在身后。

——〔英国〕史密斯

凡配称为理想的事物，就必带有善美的本质。

——〔英国〕奥斯丁

我唯一的理想就是为人类服务。

——〔英国〕戴　维

希望是一个挥霍无度的年轻的财产继承人，经验是他的银行家，他往往凭自己的一点尚未到手的财产就大量提款，以致经常过分透支，所以他的支票多半都是不能兑现的。

——〔英国〕科尔顿

希望会使你年轻的，因为希望和青春乃是同胞兄弟。

——〔英国〕雪　莱

如同雷存在于大地，希望也存在于人心中。

——〔英国〕雪　莱

理想就在我们自身之中，同时，阻碍我们实现理想的各种障碍，也是在我们自身之中。

——〔英国〕卡莱尔

为理想的实现而生活，则生趣盎然。

——〔英国〕迪斯累里

希望是永远的喜悦，有如人类拥有的土地，是每年有收获、绝不会耗尽的确实财产。

——〔英国〕斯蒂文生

充满希望去旅行，要远比达到目的地为优。因此，真正的成功便是工作。

——〔英国〕斯蒂文生

一个人的理想越崇高，生活就越纯洁。

——〔英国〕伏尼契

只有同这个世界结合起来，我们的理想才能结出果实；脱离这个世界，理想就不结果实。

——〔英国〕罗　素

希望是坚韧的拐杖，忍耐是旅行袋。携带它们，人可以走完世界，登上永恒之旅。

——〔英国〕罗　素

没有一定的目标，智慧就会丧失；哪儿都是目标，哪儿就没有目标。

——〔法国〕蒙　田

希望与忧虑是分不开的，从来没有无希望的忧虑，也没有无忧虑的希望。

——〔法国〕罗休夫柯

人类最宝贵的财富是希望。如果只着眼于当前，我们就不会去播种。

——〔法国〕伏尔泰

在理想的最美好的世界中一切都是为最美好的目的而设。

——〔法国〕伏尔泰

没有目的，就做不成任何事情；目的渺小就做不成任何大事。

——〔法国〕狄德罗

人生是海洋，希望是舵手的罗盘，使人们在暴风雨中不致迷失方向。

——〔法国〕狄德罗

一个人只要强烈地坚持不懈地追求，他就能达到目的。

——〔法国〕司汤达

发明家全依靠一股了不起的信心支持，才有勇气在不可知的天地中前进。

——〔法国〕巴尔扎克

人有了物质才能生存；人有了理想才谈得上生活。你要了解生存与生活的不同吗？动物生存，而人则生活。

——〔法国〕雨　果

立志是一件很重要的事情。工作随着志向走，成功随着工作来，这是一定的规律。立志、工作、成功，是人类活动的三大要素。立志是事业的大门，工作是登堂入室的旅程。这旅程的尽头就有个成功在等待着，来庆祝你的努力结果。

——〔法国〕巴斯德

人生活在希望之中。旧的希望实现了，或者泯灭了，新的希望的烈焰随之燃烧起来。如果一个人只是过一天算一天，什么希望也没有，他的生命实际上也就停止了。

——〔法国〕莫泊桑

希望至少是穷人易得的快乐。

——〔法国〕罗曼·罗兰

一个人向着目标迈进的时候，应当笔直地朝前望。

——〔法国〕罗曼·罗兰

理想失去了，青春之花也便凋零了，因为理想是青春的光和热。

——〔法国〕罗曼·罗兰

我何所求？我所求的是指导人类的种种规律获得胜利。而且我现在比过去更亲切地感到，这些规律无论如何是会胜利的。

——〔法国〕罗曼·罗兰

如果能追随理想而生活，本着正直自由的精神、勇往直前的毅力、诚实不自欺的思想而行，则定能臻于至美至善的境地。

——〔法国〕居里夫人

我要把人生变成科学的梦，然后再把梦变成现实。

——〔法国〕居里夫人

我认为，你们必须从一种理想主义中去寻求精神力量。在不使我们骄傲的情况下，这种理想主义可把我们的希望和幻想上升到一个很高的境界。

——〔法国〕居里夫人

人类也需要富有理想的人。对于这种人说来，无私地发展一种事业是如此的迷人，以致他们不可能去关心他们个人的物质利益。

——〔法国〕居里夫人

希望是坚强的勇气、新生的意志。

——〔德国〕马丁·路德

没有目标而生活，恰如没有罗盘而航行。

——〔德国〕康　德

走得最慢的人，只要他不丧失目标，也比漫无目的地徘徊的人走得快。

——〔德国〕莱　辛

任何事情，希望总比绝望好。因为，谁也无法计测可能的限界。

——〔德国〕歌 德

我们的生活就像旅行，思想是导游者。没有导游者，一切都会停止。目标会丧失，力量也会化为乌有。

——〔德国〕歌 德

希望是生命的灵魂、心灵的灯塔、成功的向导。

——〔德国〕歌 德

向着某一天终于要达到的那个终极目标迈步还不够，还要把每一步骤看作目标，使它作为步骤而起作用。

——〔德国〕歌 德

目标越接近，困难越增加。但愿每一个人都像星星一样安详而又从容地不断沿着既定的目标走完自己的路程。

——〔德国〕歌 德

当我们自以为达到了我们所希望的目的的时候，那恰恰是离我们的希望最远的时候。

——〔德国〕歌 德

否定理想的人可能容易找到，不过他是把卑鄙当作美好。

——〔德国〕歌 德

我让旁人去嘀咕，自己却干自己认为有益的事。我巡视了我的领域中的事，认清了我的目标。

——〔德国〕歌　德

尚未实现的崇高目标，要比已经达到的渺小目的尤为珍贵。

——〔德国〕歌　德

只要太阳照耀，希望也会闪耀。

——〔德国〕席　勒

有一些宝贵的东西作为它的目标时，生活才有价值。

——〔德国〕黑格尔

只有那些永远躺在坑里、从不仰望高处的人，才会掉到坑里去。

——〔德国〕黑格尔

启发我并永远使我充满生活乐趣的理想是真、善、美。

——〔德国〕爱因斯坦

雄心壮志或单纯的责任感不会产生任何真正有价值的东西，只有对于人类和对于客观事物的热爱与献身精神，才能产生真正有价值的东西。

——〔德国〕爱因斯坦

每个人都有一定的理想，这种理想决定着他的努力和判断的方向。

——〔德国〕爱因斯坦

现在，大家都为了电冰箱、汽车、房子而奔波，追逐，竞争。这是我们这个时代的特征。但是也还有不少人，他们不追求这些物质的东西，他们追求理想和真理，得到了内心的自由和安宁。

——〔德国〕爱因斯坦

一切都靠一张嘴来谈理想而丝毫不实干的人，是虚伪和假仁假义的。

——〔希腊〕德谟克利特

世界上最快乐的事，莫过于为理想而奋斗。哲学家告诉我们，"为善至乐"的乐，乃是从道德中产生出来的。为理想而奋斗的人，必能获得这种快乐，因为理想的本质就含有道德的价值。

——〔希腊〕苏格拉底

有人活着没有任何目标。他们在世间行走，就像河中的一棵小草，他们不是行走，而是随波逐流。

——〔罗马〕塞涅卡

如果一个人不知道他要驶向哪个码头，那么任何风都不会是顺风。

——〔罗马〕塞涅卡

我对于事业的抱负和理想，是以"真"为开始、

"善"为历程、"美"为最终目标的。

——〔罗马〕西塞罗

我们唯一的悲哀是生活于愿望之中而没有希望。

——〔意大利〕但　丁

只要我们能把希望的大陆牢牢地装在心中，风浪就一定会被我们战胜。

——〔意大利〕哥伦布

现实是此岸，理想是彼岸。中间隔着湍急的河流，行动则是架在川上的桥梁。

——〔俄国〕克雷洛夫

灾难的忠实姐妹——希望，她会唤起你们的勇气和欢乐。

——〔俄国〕普希金

生活中没有理想的人，是可怜的人。

——〔俄国〕屠格涅夫

谁为时代的伟大目标服务，并把自己的一生献给了为人类兄弟而进行的斗争，谁才是不朽的。

——〔俄国〕涅克拉索夫

无论是人类还是民族，如果没有崇高的理想，就不能生存。

——〔俄国〕陀思妥耶夫斯基

没有理想，即没有某种美好的愿望，也就永远不会有美好的现实。

——〔俄国〕陀思妥耶夫斯基

追上未来，抓住它的本质，把未来转变为现在。

——〔俄国〕车尔尼雪夫斯基

未来是光明而美丽的，爱它吧，向它突进，为它工作，迎接它，尽可能地使它成为现实吧！

——〔俄国〕车尔尼雪夫斯基

不要沉溺在现在的各种琐事中，……在自己心里培养对未来的理想吧。

——〔俄国〕谢德林

理想是指路明灯。没有理想，就没有坚定的方向；没有方向，就没有生活。

——〔俄国〕列夫·托尔斯泰

谁要是认为崇高的、遥远的目标对于人是没有必要的……那他就只有吃啊、喝啊、睡觉啊，而当厌倦了这些的时候，就只有跑过去，撞死在箱子角上。

——〔俄国〕契诃夫

我们以人们的目的来判断人的活动，目的伟大，活动才可以说是伟大的。

——〔俄国〕契诃夫

一个人追求的目标越高，他的才能就发展得越快，对社会就越有益，我确信这也是一个真理。

——〔苏联〕高尔基

人必须像天上的星星，永远很清楚地看出一切希望和愿望的火光。

——〔苏联〕高尔基

只有向自己提出伟大的目标并以自己的全部力量为之奋斗的人，才是幸福的人。

——〔苏联〕加里宁

无论哪个时代，青年的特点总是怀抱着各种理想和幻想。这并不是什么毛病，而是一种宝贵的品质。

——〔苏联〕加里宁

一个人向前瞻望的时候，如果看不到一点快乐的远景，他在世界上就不能活下去。

——〔苏联〕马卡连柯

人身上潜藏的力量是巨大的，但远远没有经常地发挥出来，远远没有把一切都能经常发动起来。力量发挥出来的程度，决定一个人面前所展示的目标，决定一个人意识到他已接近目标的程度。

——〔苏联〕柯切托夫

目标愈高，志向就愈可贵。

——〔西班牙〕塞万提斯

没有希望便没有恐惧，没有恐惧也就不会有希望。

——〔荷兰〕斯宾诺莎

夫英雄者，胸怀大志，腹有良谋，有包藏宇宙之机，吞吐天地之志也。

——曹　操

志之所趋，无远不届，穷山距海，不能限也；志之所向，无坚不入，锐甲精兵，不能御也。

——陈伯汝

大丈夫患志之不立，何患名之不彰。

——陆　云

工作着是美丽的

劳动是人类财富的创造者。

——〔美国〕韦伯斯特

事业好比草芽，要想让它成功，非用自励的阳光照射不可。

——〔美国〕华盛顿

劳动是使有如圣火光辉的良心，不断在你的胸中燃烧。

——〔美国〕华盛顿

不劳苦，无所得。

——〔美国〕富兰克林

要强迫自己工作，不要等到工作来强迫你。

——〔美国〕富兰克林

懒惰如同生锈：比劳动更能加快消耗。另一方面，使用中的锁，经常是光亮如新的。

——〔美国〕富兰克林

我之所以为我，完全由于我的工作；我一生从不吃一块不由自己的血汗换来的面包。

——〔美国〕富兰克林

我不让工作追求，而是去追求工作，常常努力于完全统驭工作，而不做工作的奴隶。人大凡具有完全统驭工作的信心，精神就必然振奋。

——〔美国〕富兰克林

我们在享受着他人的发明给我们带来的巨大益处，我们也必须乐于用自己的发明去为他人服务。

——〔美国〕富兰克林

人用心在其事业上，努力完成，在大功告成时，心里始能脱离痛苦，感受愉快。

——〔美国〕爱默生

人类有嗜好某种职业的癖性。如从事这种职业，必受世上重用，蒙受其福。

——〔美国〕爱默生

我们不能坐令逸乐盗取我们的生命力。

——〔美国〕林　肯

整个社会的游手好闲将迅速造成整个社会的毁灭；在这一点上，无益劳动和游手好闲并没有什么两样。

——〔美国〕林　肯

　　我认为如果上天造出一批只吃饭而不做事的人，他一定造成他们有口而无手；如果他造出另一批他认为只适合做工而不需要吃饭的人，他也必会造成他们有手而无口的。

——〔美国〕林　肯

　　世界上没有任何一种具有真正价值的东西可以不经过辛勤劳动而能够得到的。

——〔美国〕爱迪生

　　我的人生哲学是工作，我要揭示大自然的奥妙，为人类造福。

——〔美国〕爱迪生

　　休息的真正价值的滋味，唯有工作的人方能体会。

——〔美国〕福　特

　　有完成另一件工作的力量，就是做完上一件工作的报酬。

——〔美国〕艾略特

　　每个人生下来都要从事某项事业，每一个活在地球上的人都有自己生活中的义务。

——〔美国〕海明威

我的座右铭是：第一忠诚，第二勤奋，第三专心工作。

——〔美国〕卡耐基

多说话的人不是长于做事的人。

——〔英国〕莎士比亚

欢乐与行动会使人觉得时光缩短。

——〔英国〕莎士比亚

不用劳力而获得的东西，只有"贫困"。

——〔英国〕莎士比亚

今日怠于准备者，明日则更难。

——〔英国〕莎士比亚

最大的无聊却是为了无聊费尽辛劳。

——〔英国〕莎士比亚

记住，一切有用的工作都是光荣的。

——〔英国〕弥尔顿

知识是宝库，但开启这个宝库的钥匙是实践。

——〔英国〕富　勒

今天尽你最大的努力去做好，明天你也许就能做得更好。

——〔英国〕牛　顿

今天你应该完成的事，务要倾注全力。

      ——〔英国〕牛　顿

让健全的自动精神，含蓄在劳动者之中吧。如此，则可望胜过任何方法，并提高他们全体的生活。

      ——〔英国〕史密斯

要使人更伟大，概由劳动而获得，亦即文明就是劳动的产物。

      ——〔英国〕史密斯

让所有的人都竭尽所能地工作，如此他们就能体会自己做了最有益于世间的事，并安宁地死去。

      ——〔英国〕史密斯

完善的新人应该是在劳动之中和为了劳动而培养起来的。

      ——〔英国〕欧　文

任何一项劳动都是崇高的，崇高的事业只有劳动。

      ——〔英国〕卡莱尔

就经常打扰人类的所有疾病和悲剧而言，劳动是最大而又理想的治疗法。

      ——〔英国〕卡莱尔

工作就是医治所有顽疾和厄运的最有效的药剂。

——〔英国〕卡莱尔

真正热心地工作的人总是有希望的——只有懒惰才是永久的失望。

——〔英国〕卡莱尔

只有经过劳动，思想才会变得健全，而只有注重思想，劳动才显得快乐；此二者不能加以分割。

——〔英国〕罗斯金

人之能生活，不在货物之交换，而在其生产。亦即不依靠买卖生活，而是靠工作求生存。

——〔英国〕罗斯金

没有喜悦的劳动是下贱的，没有悲哀的劳动也是下贱的；没有劳动的悲哀是卑劣的，没有劳动的喜悦也是卑鄙的。

——〔英国〕罗斯金

怠惰是各种祸害的道路。一个怠惰的人，犹如一间没有墙壁的房子，魔鬼可以从四面八方进入。

——〔英国〕王尔德

只做能够获得报酬工作的人，永不会获得工作以外较多报酬。

——〔英国〕哈伯特

只要热爱它，一个人便适合任何工作。

——〔英国〕哈伯特

伟大的事业根源于坚韧不拔地工作，以全副的精神去从事，不避艰苦。

——〔英国〕罗　素

对消除烦恼，工作比威士忌更为有效。

——〔英国〕毛　姆

大多数人说，人老了，不得不放弃一些事情。我认为是因为你放弃了事情才变老的。

——〔英国〕格　林

别把劳动认为只是耕耘物质收获的原野，它是能同时开拓我们心灵原野的尊贵锄头。无论如何，我们可以借劳动加强我们的心身，除尽蔓延在我们心田的各种邪恶野草。然后，把幸福和喜悦的种子撒在此地，四季茂盛，以至开花。

——〔法国〕帕斯卡

工作使你免于三大害：无聊、恶行和贫穷。

——〔法国〕伏尔泰

伟大的事业需要始终不渝的精神。

——〔法国〕伏尔泰

节约和劳动，是人类最真实的两位医师。

——〔法国〕卢　梭

我生活的全部乐趣都来自工作，只有那些从来都不安于创造的人才认为工作是枯燥的。

——〔法国〕卢　梭

我们的第一个哲学教师是我们的两条腿、一双手和一对眼睛。

——〔法国〕卢　梭

除了实践以外，没有别的办法可以识别错误。

——〔法国〕狄德罗

现在之劳，未来之乐。

——〔法国〕拿破仑

我的基本要素是工作。我有此生就是为了工作。我两腿能及之处有界限，我双眼能看到的也有界限，我从不知道我的工作有何界限。

——〔法国〕拿破仑

诚实地从事的每一项劳动都是有用的，从而应当受到尊敬。

——〔法国〕司汤达

假如没有劳动这个压舱的货物，任何风暴都会把生活之船翻掉。

——〔法国〕司汤达

持续不停地劳动是人生的铁律，也是艺术的铁律。

——〔法国〕巴尔扎克

未来将属于两种人：思想的人和劳动的人，实际上，这两种人是一种人，因为思想也是劳动。

——〔法国〕雨　果

我们时代的劳动，既是伟大的权利，也是伟大的义务。

——〔法国〕雨　果

劳动就是生命、思想和光明。

——〔法国〕雨　果

当你拼命要完成一件事的时候，你就不再是旁人的敌手，或说得更正确些，旁人不再是你的敌手了。不论是谁，只要下了这种决心，他就立刻觉得他的精力加强了十倍，他的眼界也扩大了。

——〔法国〕大仲马

在所有的人中间，懒汉是最热衷把自己弄得精疲力竭的人，不过不是在工作上，而是在欢乐上。

——〔法国〕大仲马

热心是事业的精神。

—— 〔法国〕福楼拜

不要在已成的事业中逗留着。

—— 〔法国〕巴斯德

不论你们从事何种职业，都不要被非难和无聊的怀疑主义所动摇，不要让自己因国家所经历的一时忧患而沮丧。

—— 〔法国〕巴斯德

从青年时代起就懂得粮食是用汗水换来的人，就能够做出业绩来，因为在必要的日子和必要的时刻，他就会有完成业绩的意志和做出功绩的力量。

—— 〔法国〕凡尔纳

如果工作对于人类不是人生强索的代价，而是人生的目的，人类将是多么幸福。

—— 〔法国〕罗 丹

职业并非为谋求生活的方便，而是为生活的目的。工作就是人生的价值、人生的欢乐，也是幸福之所在。

—— 〔法国〕罗 丹

我们永远不应该抛弃一个事业。如果它要二十

年、三十年，甚至一生或好几代的工夫，我们也献给
它，一点也不吝惜。

——〔法国〕左　拉

为人类的幸福而劳动，这是多么壮丽的事业，这
一目的有多么伟大！

——〔法国〕圣西门

当我像嗡嗡作响的陀螺一样高速旋转时，就自然
排除了外界各种因素的干扰，抵抗着外界的压力。

——〔法国〕居　里

为公众的幸福工作的人，不论在哪个部门，都不
能被国界所隔断，他们的劳动成果并不只属于一个国
家，而是属于整个人类。

——〔法国〕居里夫人

为工作而工作，是工作的真义；希望借工作而获
得报酬的人，只是在为报酬效劳而已。

——〔法国〕贝　克

如果工作是一种乐趣，人生就是天堂。

——〔德国〕歌　德

世界到哪儿都是一样，辛苦和劳动，会带来报酬
和喜悦。

——〔德国〕歌　德

祈祷从天空乞求幸福，劳动向大地索取幸福。

————〔德国〕席　勒

对于富有才华和热爱劳动的人来说，不存在任何障碍。

————〔德国〕贝多芬

对现世的实践可视为正文，感想与知识则为注解。

————〔德国〕叔本华

春天不播种，夏天就不生长，秋天就不能收割，冬天就不能品尝。

————〔德国〕海　涅

理论所不能解决的疑难问题，实践将为你解决。

————〔德国〕费尔巴哈

一步实际行动比一打纲领更重要。

————〔德国〕马克思

推动你的事业，不要让你的事业推动你。

————〔德国〕爱因斯坦

发展独立思考和独立判断的一般能力，应当始终放在首位，而不应当把获得专业知识放在首位。如果一个人掌握了他的学科的基础理论，并且学会了独立地思考和工作，他必定会找到他自己的道路，而且比起那种主要以获得细节知识为其培训内容的人来，他一定会更好地适应进步和变化。

> ——〔德国〕爱因斯坦

在学校和生活中，工作的最重要的动力是工作中的乐趣，是工作获得结果时的乐趣，以及对这个结果的社会价值的认识。

> ——〔德国〕爱因斯坦

工作对于人来说是一种享受。

> ——〔希腊〕伊　索

上天永不会帮助不动手去做的人。

> ——〔希腊〕索福克勒斯

不懂得工作真义的人，视工作为苦役。

> ——〔希腊〕苏格拉底

任何一项工作都比安逸令人愉快。

> ——〔希腊〕德谟克利特

开始是工作的最重要部分。

> ——〔希腊〕柏拉图

长期地无所事事最能使人衰竭和毁灭。

> ——〔希腊〕亚里士多德

劳动的目的是为获得闲暇。

> ——〔希腊〕亚里士多德

劳动是人类的命运。

——〔希腊〕荷　马

工作是高贵灵魂的营养。

——〔罗马〕塞涅卡

不息地劳作是人生全部意义之所在。

——〔罗马〕塞涅卡

一个人只有在实践中运用能力，才能知道自己的能力。

——〔罗马〕塞涅卡

正如劳动能够强壮体魄一样，艰难也能锻炼人的精神。

——〔罗马〕塞涅卡

劳动使人忘忧。

——〔罗马〕西塞罗

甚至当你已经达到最高幸福境界时，你不应该搁起双手闲坐，你应该不停地劳动。

——〔波斯〕鲁达基

人类用认识的活动去了解事物，用实践的活动去改变事物；用前者去掌握宇宙，用后者去创造宇宙。

——〔意大利〕克罗齐

整个人生就是思想与劳动，劳动虽然是默默无闻的、平凡的，却是不能间断的。

——〔俄国〕冈察洛夫

没有斗争，就没有功绩；没有功绩，就没有报酬；而没有行动，就没有生活！人类所表现的，也便是个人所表现的；它无时无刻不在斗争，无时无刻不在改造。

——〔俄国〕别林斯基

一朝开始便永远能够将事业继续下去的人是幸福的，这种人能够接二连三地做出事业来。他们老早就习惯了工作，不把他们的生活浪费在选择工作中。他们聚精会神，规定界限，不分散自己的精力，于是顺利地做出成绩来。

——〔俄国〕赫尔岑

如果你能成功地选择劳动，并把自己的全部精神灌注到它里面去，那么幸福本身就会找到你。

——〔俄国〕乌申斯基

摆脱心事的最好方法是工作。

——〔俄国〕车尔尼雪夫斯基

一个经常劳动的人是幸福的，他可以从中直接体验到创造的喜悦和快乐。

——〔俄国〕列夫·托尔斯泰

脱离劳动就是犯罪。

——〔俄国〕列夫·托尔斯泰

如果你做某件事，那就把它做好。如果你不会或不愿做好它，那最好不要去做。

——〔俄国〕列夫·托尔斯泰

劳动创造一切，劳动者创造一切。历史的口号就是这样。

——〔俄国〕门捷列夫

没有顽强的细心的劳动，即使有才华的人也会变成绣花枕头似的无用的玩物。

——〔苏联〕斯坦尼斯拉夫斯基

要勇往直前，在斗争中锻炼自己的智慧、自己的体力，不要为无谓的感伤所征服，把你的全部心灵、全部意志、全部精力，都献给你终身的事业。

——〔苏联〕列别捷夫

人创造事业，并以事业而光荣。

——〔苏联〕高尔基

我们的世界不是语言创造的，而是活动、劳动创造的。

——〔苏联〕高尔基

只有人的劳动才是神圣的。

——〔苏联〕高尔基

医治一切病痛最好的最宝贵的药品，就是劳动。

——〔苏联〕奥斯特洛夫斯基

果实的事业是尊贵的，花的事业是甜美的，但是让我做叶的事业吧，叶是谦逊地专心地垂着绿荫的。

——〔印度〕泰戈尔

勿为了怠于自己的工作，而去掠夺他人的东西，不凭借自己的工作养活自己，而强制他人养活自己的人，简直是食人族。

——〔印度〕泰戈尔

劳心可以使身体得到休息，劳力可以使精神得到康乐。

——〔普鲁士〕俾斯麦

没有工作简直受不了，工作使一切美化，思想能创造新的生命。

——〔瑞典〕诺贝尔

工作是眼能看见的爱。

——〔黎巴嫩〕纪伯伦

在任何一块土地上挖掘，你都会找到珍宝，不过你应该以农民的信心去挖掘。

——〔黎巴嫩〕纪伯伦

豪华尽出成功后，逸乐安知与祸双。

——王安石

忧劳可以兴国，逸豫可以亡身。

——欧阳修

天将降大任于斯人也，必先苦其心志，劳其筋骨，饿其体肤，空乏其身，行拂乱其所为，所以动心忍性，增益其所不能。

——孟　子

绳锯木断，水滴石穿。

——班　固

临渊羡鱼，不如退而结网。

——班　固

天下事以难而废者十之一，以惰而废者十之九。

——颜之推

工作着是美丽的。

——陈学昭

毅力是永恒的享受

唯坚韧者始能遂其志。

——〔美国〕富兰克林

一个人失败的最大原因，是对自己的能力不敢充分信任，甚至认为自己必将失败无疑。

——〔美国〕富兰克林

思想懦弱者常被灾难屈服；思想伟大者往往乘机兴起。

——〔美国〕华盛顿

弱者，其心先弱。

——〔美国〕爱默生

英雄也是人，只是与一般人不同的是，他们在面对逆境时更能表现出勇敢和韧性。

——〔美国〕爱默生

逆境有一种科学价值，一个好的学者是不会放弃这种学习机会的。

——〔美国〕爱默生

每一种挫折或不利的突变，都带着同样或较大的有利的种子。

——〔美国〕爱默生

不论你做什么事情，都需要勇气。不论你决定什么方针，总会有人告诉你说你错了，总会发生一些困难，诱使你相信批评你的人是对的。计划出一项行动的方针，然后便坚定不移地实行到底，颇需要军人所必须具备的那种勇气。和平有它的胜利，但是唯有勇者才能赢得那些胜利。

——〔美国〕爱默生

如果你要获得成功，就应当以恒心为友，以经验为顾问，以耐心为兄弟，以希望为守护者。

——〔美国〕爱默生

自信是成功的第一秘诀。

——〔美国〕爱默生

失败是什么？失败就是使你走上较高地位的第一道阶梯。

——〔美国〕菲力浦斯

使少数人飞黄腾达的奇迹或力量，就是在个人勇敢果决的精神的激励下使人能勤奋、专心与坚韧。

——〔美国〕马克·吐温

失败是一种教育，知道什么叫"思考"的人，不管他是成功或失败，都能学到很多东西。

——〔美国〕杜　威

成功之道无他，须悉力以赴，不可稍存沽名钓誉之心。

——〔美国〕朗费罗

不论成功或失败，都在于自己。

——〔美国〕朗费罗

你听说过胜利是很好的，是吗？我告诉你失败也很好，失败者和胜利者有同样的精神。

——〔美国〕惠特曼

当失败不可避免时，失败也是伟大的。

——〔美国〕惠特曼

对于从不会成功的人来说，认为最甜美的事毋过于成功了。

——〔美国〕狄金森

伟大人物最明显的标志，就是他坚强的意志。

——〔美国〕爱迪生

要先经过困难，然后踏入顺境，才觉得受用、舒服。

——〔美国〕爱迪生

失败也是我需要的，它和成功对我一样有价值。

只有在我知道一切做不好的方法以后，我才知道做好一件工作的方法是什么。

————〔美国〕爱迪生

若你能举出一个彻底满足的人，我可以告诉你他就是一个失败的人。

————〔美国〕爱迪生

如果你把事情化整为零，没有什么事会特别难。

————〔美国〕福　特

能做时不肯做的人，想要做时将一事无成。

————〔美国〕海伍德

人不是为失败而生存的。

————〔美国〕海明威

只要你不计较得失，人生还有什么不能想法子克服？

————〔美国〕海明威

成功毫无技巧可言。只不过是对工作尽力而为。

————〔美国〕卡耐基

假使你认为你能够，你便能够；假使你认为你不能够，你便不能够。

————〔美国〕戴维斯

顽强是妙不可言的东西：它可以把心移动，使你不敢相信和想象。

——〔美国〕杰克·伦敦

如果勇敢便是无畏，那么我便从不曾见过一位勇敢的人。一切人都会畏惧，越智者越知惧。尽管有所畏惧，却能驱迫自己勇往直前的人便是勇者。

——〔美国〕巴　顿

逆潮流而游泳的人知道潮流的力量。

——〔美国〕威尔逊

胜利的道路是迂回曲折的。像山间小径一样，这条路有时先折回来，然后伸向前去；像山间小径一样，走这条路的人需要耐心和毅力。累了就歇在路边的人是不会得到胜利的。

——〔美国〕尼克松

并非每一个灾难都是祸；早临的逆境常是幸福。经过克服的困难不但给了我们教训，并且对我们未来的奋斗有所激励。

——〔美国〕波　普

无论何人，若是失去了耐心，就失去了灵魂。

——〔英国〕培　根

没有比害怕本身更可害怕的了。

——〔英国〕培　根

灰心生失望，失望生动摇，动摇生失败。

——〔英国〕培　根

胜利不会向我走来，我必须自己走向胜利。

——〔英国〕莫　尔

千万人的失败，都是失败在做事不彻底，往往做到离成功尚差一步就终止不做了。

——〔英国〕莎士比亚

疑惑足以败事，一个人往往因为遇事畏缩的缘故，失去成功的机会。

——〔英国〕莎士比亚

不要听信那些向你说成败在天而不可强求一类的胡说。

——〔英国〕莎士比亚

真正勇敢的人，应当能够智慧地受最难堪的屈辱。

——〔英国〕莎士比亚

有胆量的人，最先获得冠冕。

——〔英国〕莎士比亚

有德必有勇，正直的人绝不胆怯。

——〔英国〕莎士比亚

懦夫在未死之前，就已经死过好多次；勇士一生只死一次。

——〔英国〕莎士比亚

盲目的恐惧有着明眼的理智领导，比之凭着盲目的理智毫无恐惧地横冲直撞，更容易找到一个安全的立足点。

——〔英国〕莎士比亚

聪明人之所以不会成功，是由于他们缺乏坚韧的毅力。

——〔英国〕牛　顿

逆境是对原则的考验。没有它，一个人很难知道自己是否诚实。

——〔英国〕菲尔丁

只有勇敢的人才有资格得到美人。

——〔英国〕德莱顿

毅力是永恒的享受。

——〔英国〕布莱克

继续成功只能引我们走向世界的一端，灾难却能将我们调转个方向，让我们看到世界的另一端。

——〔英国〕科尔顿

逆境是达到真理的一条通路。

——〔英国〕拜　伦

一个没有原则和没有意志的人就像一艘没有舵和罗盘的船，他会随着风向的变化而随时改变自己的方向。

——〔英国〕史密斯

告诉一个人他很勇敢，就是帮助他变得勇敢。

——〔英国〕卡莱尔

成功的秘诀是在于恒心。

——〔英国〕迪斯累里

任何教育都不如灾难教育。

——〔英国〕迪斯累里

受苦比死更需要勇气。

——〔英国〕迪斯累里

拼命去取得成功，但不要期望一定会成功。

——〔英国〕法拉第

我必须承认，幸运喜欢照顾勇敢的人。

——〔英国〕达尔文

顽强的毅力可以征服世界上任何一座高峰。

——〔英国〕狄更斯

梯子上的横档从来不是用来休息的，只是为了在一只脚迈向更高一格时，另一只脚可以落一下脚。

——〔英国〕赫胥黎

要意志坚强，要勤奋，要探索，要发现，并且永不屈服，珍惜在我们前进道路上降临的善！忍受我们之中和周围的恶，并下决心消除它。

——〔英国〕赫胥黎

与其求取成功，毋宁不因失败而松懈才是重要的。

——〔英国〕斯蒂文生

一经打击就灰心丧气的人，永远是个失败者。

——〔英国〕毛　姆

有计谋的人，在这世界上不乏失败者；而脚踏实地的行动者，常常连世界性的成功都不难达到。这简单的道理，常常铭刻在我们心灵的深处。

——〔英国〕丘吉尔

失败中有打不败的东西，胜利中有难以容忍的事情。

——〔英国〕丘吉尔

勇气是人类最重要的一种特质，倘若有了勇气，人类其他的特质自然也就具备了。

——〔英国〕丘吉尔

能克服困难的人，可使困难化为良机。

——〔英国〕丘吉尔

认识到困难或问题的存在，可能就是认识到知识上令人不满意的现状，它能够激励设想的产生。不具好奇心的人很少受到这种激励。

——〔英国〕贝弗里奇

人们最出色的工作往往在处于逆境的情况下做出。思想上的压力，甚至肉体上的痛苦都可能成为精神上的兴奋剂。

——〔英国〕贝弗里奇

顺境使我们的精力闲散无用，使我们感觉不到自己的力量，但是障碍却唤醒这种力量而加以运用。

——〔英国〕休　谟

害怕危险的心理比危险本身还要可怕一万倍。

——〔英国〕笛　福

要在这世界上获得成功，就要坚持到底，至死剑都不能离手。

——〔法国〕伏尔泰

不经巨大的困难，不会有伟大的事业。

——〔法国〕伏尔泰

成功的秘诀在于永不改变既定之目的。

——〔法国〕卢　梭

悔恨在我们走好运时睡去了，但在我们逆境中却使我们更强烈地感觉到它。

——〔法国〕卢　梭

耐心虽苦，成果却甜。

——〔法国〕卢　梭

谁害怕受苦，谁就已经因为害怕而在受苦了。

——〔法国〕蒙　田

取得成就时仍坚持不懈，要比遇到失败时顽强更重要。

——〔法国〕罗休夫柯

在一切陋习之中，闲散最足以瘫软人们的勇气。

——〔法国〕孟德斯鸠

意志有一个由比闪电还敏捷的各种液体组成的、看不见的兵团，使它的部下随时供它驱使。

——〔法国〕拉美特利

辉煌的人生，并不在于长久不败，而是在于不怕失败。

——〔法国〕拿破仑

避免失败的最好方法，就是下决心获得成功。

——〔法国〕拿破仑

不会从失败中寻找教训的人，他们的成功之路是遥远的。

——〔法国〕拿破仑

最困难的时候，也就是我们离成功不远的时候。

——〔法国〕拿破仑

"不能"这一词只在愚人的字典里有。

——〔法国〕拿破仑

困难要靠自己克服，障碍要靠自己冲破；在我的字典里是没有"难"字的。

——〔法国〕拿破仑

一支军队的实力，四分之三是由士气因素决定的。

——〔法国〕拿破仑

胜利将由最有耐力的人获得。

——〔法国〕拿破仑

达到目的有两个途径，即势力与毅力，势力只为少数人所有，但坚韧不拔的毅力却是多数人都有的，它的沉默力量往往可随时间达到无可抵抗的地步。

——〔法国〕拿破仑

如果你是弱者，你是你自己的最大敌人；如果你是勇者，你是你自己的最好朋友。

——〔法国〕拿破仑

失败是愚者的结论。

——〔法国〕巴尔扎克

忍耐是支持工作的一种资本。

——〔法国〕巴尔扎克

人类所有的力量，只是耐心加上时间的混合。所谓强者，是既有意志，又能等待时机。

——〔法国〕巴尔扎克

逆境，是天才的进身之阶，信徒的洗礼之水，能人的无价之宝，弱者的无底之渊。

——〔法国〕巴尔扎克

发明家全靠一股了不起的信心支持，才有勇气在不可知的天地中前进。

——〔法国〕巴尔扎克

世人缺乏的是毅力，而非气力。

——〔法国〕雨　果

不认识痛苦，就不是一条好汉。

——〔法国〕雨　果

应该相信，自己是生活的强者。

——〔法国〕雨　果

艺术的大道上荆棘丛生，这也是好事，常人都望而却步，只有意志坚强的人例外。

——〔法国〕雨　果

人在逆境里比在顺境里更能坚持不屈，遭厄运时比交好运时更容易保全身心。

——〔法国〕雨　果

上天给予人一分困难时，同时也添给人一分智力。

——〔法国〕雨　果

开发人类智力的矿藏是少不了需要用患难来促成的。

——〔法国〕大仲马

人的一生中，最光辉的一天并非功成名就那天，而是从悲哀与绝望中产生的人生挑战，从勇敢迈向意志那天。

——〔法国〕福楼拜

成功是结果，并不是目的。

——〔法国〕福楼拜

告诉你使我达到目标的奥秘吧，我唯一的力量就是我的坚持精神。

——〔法国〕巴斯德

字典里最重要的三个词，就是意志、工作、等待。我将要在这三块基石上建立我成功的金字塔。

——〔法国〕巴斯德

生活的道路一旦选定，就要勇敢地走到底，绝不回头。

————〔法国〕左　拉

阻塞与障碍只是路上不可避免的休息与困难。

————〔法国〕左　拉

最难得的勇气是思想的勇气。

————〔法国〕法朗士

凡是天性刚强的人，必定有自强不息的力量。

————〔法国〕罗曼·罗兰

宿命论是那些缺乏意志的弱者的借口。

————〔法国〕罗曼·罗兰

累累的创伤就是生命给你的最好的东西，因为每个创伤上面都标志着前进的一步。

————〔法国〕罗曼·罗兰

不幸不会长续不断，你要耐心忍受，或是鼓起勇气把它驱走。

————〔法国〕罗曼·罗兰

只有把抱怨环境的心情化为上进的力量，才是成功的保证。

————〔法国〕罗曼·罗兰

人必须要有耐心，特别是要有信心。

————〔法国〕居里夫人

人要有毅力，否则将一事无成。

——〔法国〕居里夫人

我从来不曾有过幸运，将来也永远不指望幸运，我的最高原则是：不论对任何困难都绝不屈服！

——〔法国〕居里夫人

我们生活似乎都不容易，但是那有什么关系？我们应该有恒心，尤其要有自信心！

——〔法国〕居里夫人

没有勇气驶到看不见海岸的地方，就不可能发现新的海洋。

——〔法国〕纪　德

做一个杰出的人，光有一个合乎逻辑的头脑是不够的，还要有一种强烈的气质。

——〔法国〕司汤达

如果没有自信心的话，你永远也不会有快乐。

——〔法国〕拉·罗什夫科

表示惊讶，只需一分钟；要做出惊人的事业，却要许多年。

——〔法国〕爱尔维修

要有坚强的意志、卓越的能力以及坚持要达到目标的恒心，此外都是细节。

——〔德国〕歌　德

最糟糕的是人们在生活中经常受到错误志向的阻碍而不自知，直到摆脱了那些阻碍时才明白过来。

——〔德国〕歌　德

长久迟疑不决的人，常常找不到最好的答案。

——〔德国〕歌　德

大自然把人们困在黑暗之中，迫使人们永远向往光明。

——〔德国〕歌　德

有时一个人受到厄运的可怕打击，不管这厄运是来自公众或者个人，倒可能是件好事。

——〔德国〕歌　德

一个人如果希望克服自己的错误，就必须为此付出高昂的代价，即使这样，他也是幸运的。

——〔德国〕歌　德

斗争是掌握本领的学校，挫折是通向真理的桥梁。

——〔德国〕歌　德

只有恒心可以使你达到目的，只有博学可以使你明辨世事，真理常常藏在事物的深底。

——〔德国〕席　勒

苦难是人生的老师。

——〔德国〕贝多芬

最优秀的人物通过痛苦，才得到欢乐。

——〔德国〕贝多芬

卓越的人一大优点是：在不利与艰难的遭遇里百折不挠。

——〔德国〕贝多芬

在困厄颠沛的时候能坚定不移，这就是一个真正令人钦佩的人的不凡之处。

——〔德国〕贝多芬

只要是行为正当，那么勇气会使你获得一切。

——〔德国〕贝多芬

周围之物也只不过是表象，而作为自在之物的意志才是宇宙的本质。

——〔德国〕叔本华

人要学会走路，也得学会摔跤，而且只有经过摔跤他才能学会走路。

——〔德国〕马克思

即使我们之中最勇敢的人，对于真正知道的东西也只有很少的勇气……

——〔德国〕尼 采

谁怕死，谁就已经不再活着。

——〔德国〕左伊默

成功＝艰苦的劳动＋正确的方法＋少谈空话。

————〔德国〕爱因斯坦

在一个崇高的目的支持下，不停地工作，即使慢，也一定会获得成功。

————〔德国〕爱因斯坦

耐心和恒心总会得到报酬的。

————〔德国〕爱因斯坦

勇气和内在的坚强是巩固人的意志和力量的无价之宝。

————〔德国〕台尔曼

如果贫穷生在有志气者的身上等于是上帝给了他一项资本，因为有志气的人从来不被穷困击倒。

————〔德国〕布拉姆斯

不管一切如何，你仍然要平静和愉快。生活就是这样，我们也就必须这样对待生活，要勇敢无畏、含着笑容地——不管一切如何。

————〔德国〕卢森堡

逆境是磨炼人的最高学府。

————〔希腊〕苏格拉底

假使把所有的人的灾难都堆积到一起，然后重新分配，那么我相信大部分的人一定都会很满意地取走他自己原有的一份。

—〔希腊〕苏格拉底

能使愚蠢的人学会一点东西的，不是言辞，而是厄运。

—〔希腊〕德谟克利特

勇气减轻了命运的打击。

—〔希腊〕德谟克利特

无论如何困难，不可求人怜悯。

—〔希腊〕柏拉图

耐心是一切聪明才智的基础。

—〔希腊〕柏拉图

真金在烈火中炼就，勇气在困难中培养。

—〔罗马〕塞涅卡

有勇气的人，必能获得命运与爱情的青睐。

—〔罗马〕奥维德

勇气就是对艰苦和痛苦的蔑视。

—〔罗马〕西塞罗

总是担惊受怕的人，我以为就不是一个自由的人。

—〔罗马〕贺拉斯

事业常成于坚韧，毁于急躁。

——〔波斯〕萨　迪

我崇拜勇敢、坚韧和信心。因为他们一直助我应付我在尘世生活中所遇到的困境。

——〔意大利〕但　丁

人家的窃窃私语与你何干？跟随我，让人家去说长说短！要像一座卓立的塔，绝不因暴风而倾斜。

——〔意大利〕但　丁

世界是属于勇者的。

——〔意大利〕哥伦布

阻力是不能压垮我的，一切阻力都会被坚强的决心所征服。人，一旦确立了自己的目标，就不该再动摇为之奋斗的决心。

——〔意大利〕达·芬奇

要勇敢而不要暴躁，要服从而不要低声下气，要坚强而不要顽固，要谦逊而不要做作。

——〔俄国〕苏沃洛夫

如果缺乏努力和意志，如果不肯牺牲和劳动，你自己就会一事无成。

——〔俄国〕赫尔岑

不幸是一所最好的大学。

——〔俄国〕别林斯基

只是新的事情在起头总是这样的，起初热心的人很多，而不久就冷淡下去，撒手不做了，而只有想做的人，才忍得过这番痛苦。

——〔俄国〕陀思妥耶夫斯基

大石拦路，勇者视为前进的阶梯，弱者视为前进之障碍。

——〔俄国〕普希金

你想成为幸福的人吗？但愿你首先学会吃得起苦。

——〔俄国〕屠格涅夫

假如一个人尽想着"我办不到"，那他果然就会办不到。

——〔俄国〕车尔尼雪夫斯基

一时的失误不会毁掉一个性格坚强的人。

——〔俄国〕车尔尼雪夫斯基

只有毅力才会使我们成功……而毅力的来源又在于毫不动摇、坚决采取为达到成功所需要的手段。

——〔俄国〕车尔尼雪夫斯基

一切真正的美好的东西都是从斗争和牺牲中获得的，美好的将来也要以同样的方法来获取。

——〔俄国〕车尔尼雪夫斯基

决心即力量，信心即成功。

——〔俄国〕列夫·托尔斯泰

请记住，环境越艰难困苦，就越需要坚定毅力和信心，而且懈怠的害处也就越大。

——〔俄国〕列夫·托尔斯泰

凡是犯过错误的地方，也就积累了经验。

——〔俄国〕契诃夫

平静的湖面练不出精干的水手，安逸的环境显不出时代的伟人。

——〔俄国〕列别捷夫

凡事皆有终结。因此，耐心是赢得成功的一种手段。

——〔苏联〕高尔基

意志的怯弱，是一个人最大的怯弱。

——〔苏联〕高尔基

不要害怕现实，不要向现实低头，你们来到这世界，不是为了服从老朽的东西，而是创造新的、有理智的、光辉的东西。

——〔苏联〕高尔基

在那曾经受伤的地方，最能生长出思想来。

——〔苏联〕普里什文

有卓越智力作指导的胆量是英雄的标志。

——〔普鲁士〕克劳塞维茨

刚强的人尽管在内心很激动，但他们的见解和信念却像在暴风雨中颠簸的船上的罗盘指针，仍能准确地指出方向。

——〔普鲁士〕克劳塞维茨

果断是勇气在具体情况下的一种表现，当它成为性格上的特征时，又是精神上的一种习性。

——〔普鲁士〕克劳塞维茨

刚强是指在最激动或热情奔放的时候，也能听从智力支配的一种能力。

——〔普鲁士〕克劳塞维茨

坚强是指意志对猛烈打击的抵抗力，顽强则是指意志对持续打击的抵抗力。

——〔普鲁士〕克劳塞维茨

懦夫失去了比自己生命更多的东西。他虽生犹死，因为他被集体所抛弃。

——〔捷克〕伏契克

志不强者智不达，言不信者行不果。

——墨　子

人若无志，与禽兽同类。

——孟　子

古之成大事者，不唯有超世之才，亦有坚韧不拔之志。

——苏　轼

君子之所取者远，则必有所待；所就者大，则必有所忍。

——苏　轼

必须敢于正视，这才可望敢想，敢说，敢做，敢当。倘使连正视都不敢，此外还能成什么气候。

——鲁　迅

伟大的心胸，应该表现出这样的气概——用笑脸来迎接悲惨的厄运，用百倍的勇气来应付一切的不幸。

——鲁　迅

钱是被铸造的自由

钱财并不属于拥有它的人，而只属于享用它的人。

——〔美国〕富兰克林

我以为勤劳是得到财富和名声的办法。

——〔美国〕富兰克林

挥霍无度的人，等于将自己的前途抵押了出去。

——〔美国〕富兰克林

把钱用在对自己、对别人都有益的事情上，不要错花一分钱。

——〔美国〕富兰克林

如果你懂得量入为出，那你就可以致富了。

——〔美国〕富兰克林

慷慨一点，否则财富将令你变得贪婪。

——〔美国〕布　朗

金钱永不与滥用它的人为伴，但却善待将它使用得恰当的人。

—— 〔美国〕爱默生

节俭是你一生中食用不完的美宴。

—— 〔美国〕爱默生

金钱买不到灵魂所需要的东西。

—— 〔美国〕梭　洛

如果你懂得使用，金钱是一个好奴仆；如果你不懂得使用，它就变成你的主人。

—— 〔美国〕马克·吐温

贫穷者希望得到一点东西；奢侈者希望得到许多东西；贪婪者希望得到一切东西。

—— 〔美国〕马克·吐温

勿把信誉置于金钱中，要把金钱置于信誉里。

—— 〔美国〕霍姆斯

如果没有奢侈，就可能不会有穷人。

—— 〔美国〕霍姆斯

我常听见有些家长说，他们的工作是为了给孩子留下很多的钱。真不知道他们是否意识到，这样做正好把这些孩子生活中的冒险精神一笔勾销了。因为给子女留下的钱越多，孩子们就越软弱无能。我们给子女最好的遗产就是放手让他自奔前程，完全依靠他自己的两条腿走自己的路。

———〔美国〕邓　肯

我清楚地意识到，富贵和豪华都不会使人满足。对于有钱的人来说，在生活中要做出有意义的事情，的确更为困难。

———〔美国〕邓　肯

节俭是美德，唯需与宽厚结合。

———〔英国〕培　根

没有一种获利能及得上从我们的所有中节省下来的那样确切可靠。

———〔英国〕培　根

金钱像肥田料，如不散布是没有多大用处的。

———〔英国〕培　根

金钱是品德的行李，是走向美德的一大障碍；因财富之于品德，正如军队与辎重一样，没有它不行，有了它又妨碍前进，有时甚至因为照顾它反而丧失了胜利。

———〔英国〕培　根

对小钱不要过分去计较。金钱是生着羽翼的东西，有时它会自行飞去，有时必须将它放出去，才能带更多回来。

———〔英国〕培　根

金钱是好的仆人，却是不好的主人。

———〔英国〕培　根

致富之术很多，而其中大多数是卑污的。

———〔英国〕培　根

世传的财富往往造成后代的恶行。

———〔英国〕乔　叟

贪婪是一切罪恶之源。

———〔英国〕乔　叟

守财奴是绝不能取得丝毫人生真正乐趣的。

———〔英国〕乔　叟

金子！发光的金子！宝贵的金子！黄黄的，只这么一点儿，可使黑的变成白的，丑的变成美的，错的变成对的，卑贱变成尊贵，老人变成少年，懦夫变成勇士。这黄色的奴隶可以使异教联盟，同宗分裂；它能使受诅咒的人得福，使害着灰白色癞病的人为众人所敬爱；它可使窃贼得到高爵显位，和元老们分庭抗礼。

———〔英国〕莎士比亚

不负债的穷人，优于王公。

———〔英国〕莎士比亚

黄金对于人的灵魂较诸任何毒药更有毒，而且在这个邪恶的世界上杀人更多。

——〔英国〕莎士比亚

愚人的手里有钱，是大害也。

——〔英国〕莎士比亚

虽然权势是一头固执的熊，可是金子可以拉着它的鼻子走。

——〔英国〕莎士比亚

最快的刀被滥用也会失去锋利。

——〔英国〕莎士比亚

省下一分钱等于得到一分钱。

——〔英国〕富　勒

有钱而不会供自己方便与快乐的人，等于一只牛马，虽驮负黄金，自己却仍觅草而食。

——〔英国〕笛　福

富而不清白，不如贫而有名誉。

——〔英国〕弥尔顿

如果把金钱当作上帝，金钱就会像魔鬼一样来整治你。

——〔英国〕菲尔丁

没有富人的地方，也就没有穷人；没有人占有很多财富的地方，也就没有人过贫困的生活。

——〔英国〕约翰生

金钱和时间是人生最沉重的两样负荷。

——〔英国〕约翰生

关于黄金：有了它，一个人就处于恐惧中；没有它，就处于忧愁中。

——〔英国〕约翰生

一国的财富不是金银，而是消费商品的积聚。

——〔英国〕亚当·斯密

如果我们能支配我们的财富，我们就会富裕而自由；如果我们的财富支配了我们，我们就会真正地贫穷。

——〔英国〕伯　克

形成罪恶根源的东西，并不是金钱本身，而是对钱的挚爱。

——〔英国〕史密斯

将财富奉为神明，它将会像魔鬼那样降祸于你。

——〔英国〕奥斯丁

我不需要发财，更多的财富只不过意味着用四匹马代替两匹马来拉我的马车。我唯一的目的，就是为人类服务。

——〔英国〕戴　维

我们的收入像我们所穿的鞋子，如果太小，便会夹脚，甚至擦伤皮肤；如果太大，又会使我们蹒跚颠踬。

——〔英国〕科尔顿

钱财常是我们自己的陷阱，而同时又是对别人的一种诱惑。

——〔英国〕科尔顿

富人只有在病中时，才会充分感觉到钱财的无能。

——〔英国〕科尔顿

黄金无种子，唯生于勤俭之家。

——〔英国〕迪斯累里

认为节俭是一种不漂亮的行为的人，是最荒唐无稽的。

——〔英国〕萧伯纳

财富是工作者最忠实的仆从。

——〔英国〕萧伯纳

乞丐并不羡慕百万富翁，尽管他们一定会羡慕比他们乞讨得多的乞丐。

——〔英国〕罗　素

聪明人应该把钱放在心里，而不放在嘴上。

——〔英国〕罗　素

守财奴误认为黄金就是幸福，其实黄金只不过是获得幸福的一种工具而已。

——〔法国〕罗休夫柯

蔑视财富的人相当多，不过，懂得施舍财富的人却无一个。

——〔法国〕罗休夫柯

一旦遭遇金钱的问题，人人都会汇成同样的宗派。

——〔法国〕伏尔泰

奢侈是淫乱的温床，淫乱是奢侈的伙伴。

——〔法国〕孟德斯鸠

奢侈只是从他人的劳动中获取安乐而已。

——〔法国〕孟德斯鸠

爱俭朴限制了占有欲。

——〔法国〕孟德斯鸠

钱不认识人，钱没有耳朵，钱没有心。

——〔法国〕巴尔扎克

黄金的枷锁是最重的。

——〔法国〕巴尔扎克

对于浪费的人，金钱是圆的；对于节俭的人，金钱是扁的，是可以一块块堆积起来的。

——〔法国〕巴尔扎克

节制贵于黄金。

——〔法国〕雨　果

困苦贫穷是最好的教育。

——〔法国〕雨　果

我们手里的金钱是保持自由的一种工具，我们所追求的金钱，则是使自己当奴隶的一种工具。

——〔法国〕卢　梭

节制和劳动是人类的两个真正的医生。

——〔法国〕卢　梭

货币能表现我的力量。

——〔法国〕萨　特

失去钱财，失去一点东西；失去名誉，失去许多东西；失去勇气，一切东西都失去了。

——〔德国〕歌　德

钱币的价值在于生锈。

——〔德国〕歌　德

不义之财会很快散去，由血汗聚积起来的却会越变越多。

——〔德国〕歌　德

分外之财不可得，分内之财不可足。

——〔德国〕保　罗

财富就像海水，你喝得越多，你就越感到渴。

——〔德国〕叔本华

身无分文者常最慷慨。积聚财富的意念会引起自私自利。

——〔德国〕托马斯·曼

在这个世界上，财富绝不能使人类进步。

——〔德国〕爱因斯坦

人们努力追求的庸俗的目标——财产、虚荣、奢侈的生活，我总觉得都是可鄙的。

——〔德国〕爱因斯坦

我每天上百次地提醒自己：我的精神生活和物质生活都依靠着别人的劳动，我必须尽力以同样的分量来报偿我所领受了的和至今还在领受着的东西。

——〔德国〕爱因斯坦

纵使富有的人以其财富自傲，但在他还不知道如何使用他的财富以前，别去夸赞他。

——〔希腊〕苏格拉底

知足是天然的财富，奢侈是人为的贫穷。

——〔希腊〕苏格拉底

希望获得无义之财是遭受祸害的开始。

——〔希腊〕德谟克利特

有这样两种人，一种人节俭得好像他们会永远活着似的，另一种人是奢侈得仿佛第二天就要死去。

——〔希腊〕亚里士多德

唯利是图，是一种痼疾，使人卑鄙，但贪求享乐，更是一种使人极端无耻、不可救药的毛病。

——〔罗马〕朗加纳斯

财产越丰，受其奴役性越大。

——〔罗马〕塞涅卡

财富日益增加，忧虑亦随之增多。

——〔罗马〕贺拉斯

吝啬的人对自己所拥有的财富也如同没有一样感到缺乏。

——〔罗马〕贺拉斯

财产可能为你服务，但也可能把你奴役。

——〔罗马〕贺拉斯

金钱能推动世界旋转。

——〔罗马〕贺拉斯

贫穷不会磨灭一个人高贵的品质，富贵却叫人丧失了志气。

——〔意大利〕薄伽丘

金银财宝皆容易丧失，只有手艺才是永恒的

财富。

——〔波斯〕萨　迪

　　一个人的真正财富，是他在这个世界上所做的善事。

——〔阿拉伯〕穆罕默德

　　钱是被铸造的自由。

——〔俄国〕陀思妥耶夫斯基

　　没有钱是悲哀的事；但是金钱过剩则倍加悲哀。

——〔俄国〕列夫·托尔斯泰

　　人类的工作，样样受到金钱的束缚，我们都为无聊的金钱身败名裂。金钱对我们来说，是母亲，同时也是死。

——〔苏联〕高尔基

　　金钱可以是许多东西的外壳，却不是里面的果实。它能带来食物，却带不来胃口；能带来药，却带不来健康；能带来相识，却带不来友谊；能带来仆人，却带不来他们的忠心；能带来享受，却带不来幸福的宁静。

——〔挪威〕易卜生

　　有些人把一角解释作一元的十分之一，有些人则把一角解释为一分的十倍。

——〔日本〕夏目漱石

财富是迷惑人的东西。

——〔日本〕尾崎红叶

想急速发财的人，应该受罚。

——〔以色列〕所罗门

静以修身，俭以养德。

——诸葛亮

不节，则虽盈必竭；能节，则虽虚必盈。

——陆　贽

历览前贤国与家，成由勤俭败由奢。

——李商隐

以俭立名，以侈自败。

——司马光

众人皆以奢靡为荣，吾心独以俭素为美。

——司马光

天下之事，常成于勤俭而败于奢靡。

——陆　游

图书在版编目（CIP）数据

名人言续编／刘巍编. — 北京：中国文史出版社，
2020.3

ISBN 978 - 7 - 5205 - 1898 - 7

Ⅰ. ①名… Ⅱ. ①刘… Ⅲ. ①格言 - 汇编 - 世界
Ⅳ. ①H033

中国版本图书馆 CIP 数据核字（2019）第 287965 号

责任编辑：卢祥秋

出版发行：**中国文史出版社**

社　　址：北京市海淀区西八里庄 69 号院　　邮编：100142

电　　话：010 - 81136606　81136602　81136603（发行部）

传　　真：010 - 81136655

印　　装：北京东君印刷有限公司

经　　销：全国新华书店

开　　本：889×1194　1/32

印　　张：9　　　　　字数：170 千字

版　　次：2020 年 3 月第 1 版

印　　次：2020 年 3 月第 1 次印刷

定　　价：49.80 元